ASÍ HICE MI TESIS DOCTORAL

Experiencia en integración de paradigmas y métodos de investigación

ERNESTO LÓPEZ VILLAMIZAR

DEDICATORIA

A mis padres: Ernesto y Lucrecia, a quienes debo mi existencia, formación, valores ciudadanos y personales.

A mis hijos: Ernesto y Eduardo, prolongación inmortal de mi ser, a quienes debo su comprensión, apoyo y permitirme el tiempo dedicado al presente trabajo, al igual que mi deseo infinito de trasmitirles mis experiencias en pro de su futuro.

A mi esposa: Carmen Victoria, mi amiga, mi compañera y colaboradora, debo su desinteresado apoyo y comprensión, que hicieron posible la culminación de la presente obra.

A los distinguidos lectores e investigadores, con la fe de ofrecerles elementos para su recreación y discusión.

AGRADECIMIENTOS

A Dios Todopoderoso, por darme la fortaleza espiritual, el vigor y la claridad para la materialización de este trabajo.

A la Patria, mi eterno compromiso de seguir luchando por su grandeza.

A la Dra. Belkis Zoraida Tovar por su dedicación y apoyo.

A la Dra. Yamile Delgado de Smith por su oportuna guía y disposición.

Al Dr. Rolando Smith, por sus acertados consejos e importante colaboración.

A los tripulantes de los Peces de Acero, amigos, compañeros y por sobre todo submarinistas gracias por permitirme seguir siendo uno de ustede

2

Contenido

PROLÓGO 1

INTRODUCCIÓN 7

CAPÍTULO I 12

LO QUE APARECE, COMO APARECE 12

La intencionalidad 12

Descripción del objeto intencional 13

Contrastación epistémica y fisuras disciplinares 20

La pregunta que interroga por el ser 23

Propósitos para responder a las interrogantes 24

Propósito General 24

Propósitos específicos 25

CAPÍTULO II 27

Lo filosófico 27

Episteme 29

Los modos de conocer 32

La Fenomenología 32

La hermenéutica 38

La hermenéutica fenomenológica 39

La hermenéutica y las relaciones 49

CAPÍTULO III 58

El etno y la etnografía 58

La etnometodología 65

Las historias de vida 75

CAPÍTULO IV 81

Los fundamentos procidementales 81

El abordaje de la investigación 81

El paradigma de la investigación 81

El enfoque de la investigación 82

El método y el derrotero de las historias de vida 83

El derrotero de las historias de vida 85

El plan de acción y la teorización 86

Protocolos técnicos para la captura de datos 87

Codificación, Categorización y Teorización 92

Confiabilidad y Validez Cualitativa 96

Confiabilidad o Dependencia 96

Validez o Credibilidad Cualitativa 98

Premisas del Paradigma Emergente 98

Referente Empírico, población e informantes claves 102

CAPÍTULO VI 105

El liderazgo, la comunicación y la estructura en acción

....106

El punto de partida desde la teoría organizacional 106

Liderazgo, gerencia y competencias a bordo 106

El liderazgo a bordo 114

CAPÍTULO VI 122

REFLEXIONES 125

REFERENCIAS CONSULTADAS 129

ACERCA DEL AUTOR 130

PROLÓGO

Es para mí un honor y un compromiso hacer el prólogo del libro titulado: **ASI HICE MI TESIS DOCTORAL** *Experiencia en integración de paradigmas y métodos de investigación.* Producto de un trabajo de investigación de alto nivel académico, de un escritor talentoso e innovador, como es el Doctor Ernesto López Villamizar. Creo conveniente comenzar por presentar al doctor y escritor Ernesto López Villamizar, este presentar no implica señalar su currículo. Es dar a conocer públicamente sus cualidades humanas, y valores que son del reconocimiento de sus amigos y familiares.

La investigación, que se presenta, refleja el mundo de vida y propias experiencias del investigador. Hace un recorrido por los espacios de la integración metodológica, inspiración que viene desde su tránsito por las dos carreras doctorales, aunado a los estudios libres de muchas horas de fenomenología y hermenéutica, que fortalecieron la vena investigativa del autor y acompañamiento que realice.

Son muchos años de estudio y de reflexión científica, donde el autor logra resolver las incógnitas que se le presentaron acerca de las cuestiones filosóficas, ontológicas, epistemológicas, metodológicas, que lo motivaron a seguir y dar los pasos inequívocos. Pasos que le permitieron afrontar la investigación desde una posición epistémica y el pensar en una nueva episteme para hacer ciencia, logrando obtener y aportar conocimiento desde la cientificidad.

El escritor a través de su conocimiento y reflexión acerca de la realidad, nos indica la necesidad de "Como conocer" partiendo de las bases filosóficas, apoyado en Edmund Husserl, fundador de la fenomenología, quien lo impulso a sumergirse en las manifestaciones empíricas para identificar todo lo que rodea al investigador, e ir a la esencia misma de las cosas, a un mundo de vida y de evidencias originarias.

El reencontrarse con la fenomenología en Husserl, lleva al autor a sus propias experiencias vividas, al reencuentro de momentos pasados, desdibujando los limites de lo percibido y lo recordado y de acuerdo a palabras del autor "ha sido un dilema que lo llevo a reencontrarse consigo mismo".

A mi manera de ver, este reencontrarse, impulsado por la filosofía, le permitió al autor del libro, expresar en un lenguaje científico, todo el acontecer desde su ingreso a la fuerza submarina; y desde sus vivencias experimentadas, aborda la investigación en un primer momento desde el enfoque Hurseliano.

Pero a su vez, Ernesto López acude a la hermenéutica, guiado por Heidegger, a manera de conciliar la hermenéutica con la fenomenología, en una hermenéutica fenomenológica. Es de observancia que las vivencias se abordan siguiendo las orientaciones fenomenológicas de Husserl y la hermenéutica en Heidegger. Siguiendo a Husserl, se trata de reducir al mínimo la influencia de las propias teorías, ideas e intereses y se hace un esfuerzo para captar la realidad que se presenta de manera vivencial a la conciencia, que de acuerdo a Husserl, hay que ir a las cosas mismas, a un ámbito trascendental, partiendo de la experiencia pura, donde las cosas se nos presentan como fenómenos que pueden ser abordados desde la visualización, donde lo dado no necesariamente debe ser explicado, porque la explicación es reducción. Debiendo tomar como ámbito de análisis a la conciencia y su intencionalidad para alcanzar la esencia de las cosas, para Husserl, debe haber una desconexión con la realidad y sin vinculación con tradiciones anteriores.

Pero, como estas vivencias en el escenario presentado por el autor no se pueden desconectar de la realidad, se tiene que ir a las "cosas mismas", al Dasein, por lo cual es necesario la complementariedad con la fenomenología hermenéutica en Heidegger, porque hay necesidad de introducirse en la dinámica de los sujetos de estudio y en sus implicaciones, en la búsqueda de entender y comprender los fenómenos en sus propios términos, para lo cual es imperioso descubrir y entender los significados, hábitos y prácticas, haciendo que las vivencias del autor y su entorno sean centro de reflexión. El autor y los sujetos dentro de su escenario de estudio, tienen un mundo. Para Heidegger, estar en el mundo es existir, "el estar ahí"; el mundo está presente en la vida, pero no en el sentido de algo que es mentado y observado, sino mirándolo desde el cuidado, cuidar la vida, entendiendo que la vida humana se cuida en todo momento de sí misma. Estos tripulantes del submarino, como seres humanos que son, están comprometidos no solo con su naturaleza, su universo, sino con el cuidado de su propia vida, y la de sus compañeros dentro del submarino, al tratar de mantener ese conjunto de relaciones, vivencias, practicas, experiencias, valoraciones, producto de su cultura y su lenguaje en la cual están inmersos y rodeados por ese mundo.

Es de indicar que, de la revisión del libro, se observa que la intencionalidad que motiva este estudio siguiendo el enfoque fenomenológico-hermenéutico, está estrechamente relacionado a la observación y reporte de las prácticas y experiencias vivenciales obtenidas por el accionar diario de los integrantes de la fuerza submarina reportada en el escrito, información obtenida en los propios espacios del submarino.

Esta magnífica obra que nos presenta el autor, para su mayor comprensión, está organizada en varios capítulos. En revisión de los mismos, es de observancia en su capítulo I, bajo el título "lo que aparece, como aparece", se describe el fenómeno de estudio. Se dirige la mirada hacia la fenomenología, bajo la concepción de Husserl, en el cual se refleja la intencionalidad del autor de ir directamente al fenómeno de estudio, a través del cual describe sus propias vivencias en el sentido de la epojé, tomando como escenario un submarino de combate, lo que implica abordar todo un proceso complejo de procedimientos, tecnologías, maniobras, comunicación, medio submarino, riesgos, organización, gerencia, donde el accionar y desempeño laboral de sus tripulantes (submarinistas) ocurre en condiciones muy especiales.

De la revisión del objeto de estudio, surgió un entramado de interrogantes, que constituyen las guías que orientan la investigación y permitieron generar los propósitos de la investigación, tanto el propósito general, como los específicos, dan luces y permiten abordar el piso epistémico de la investigación.

El capítulo II contiene la posición filosófica que asume el autor, para acceder al conocimiento del objeto de estudio, el cual está constituido por el tejido de la comunidad submarinista venezolana. En ese capítulo vale resaltar la reflexión del autor acerca de las bases epistemológicas que introduce en el proceso de conocer. ¿Cómo conocer lo que queremos conocer?, lo que implico ir a las raíces, a lo ontológico, como punto de partida de todo conocimiento de la realidad. Para lograr el acometido, el autor se auxilió de la fenomenología, de la hermenéutica y de la hermenéutica fenomenológica.

El capítulo III contiene Las Voces de los Tritones, el autor con gran creatividad y una firme base epistemológica, va hilvanando diferentes enfoques metodológicos entre ellos la etnografía, la etnometodología y las historias de vida. En el estudio, ubica la comunidad de submarinistas de la Armada de Venezuela, donde estuvo inmerso durante muchos años, develando las tradiciones, roles, costumbres, valores, normas, ritos, labores rutinarias del grupo que constituyen parte de la cultura de esta comunidad, creando una imagen realista del grupo estudiado y en la búsqueda de la comprensión de esta comunidad, para llegar luego a la comprensión de comunidades más amplias, donde ocurren un entramado de relaciones e interrelaciones.

A través de la investigación, desde la inmersión sociológica, el autor nos devela su mundo de vida, desde donde está mirando, acertadamente acota "una mirada a la mirada", llevando el conocimiento de las estructuras sociales a la propia vida, a su propia mirada. A su vez, es importante mencionar, que la forma como el autor va hilando su trabajo, justifica el recorrido por las historias de vida, que le permiten puntos de referencia para describir y comprender el complejo intrincado de relaciones, tejiendo un camino que va desde lo individual hasta lo familiar, social, organizacional, cultural. Es decir, por más sencilla sea una experiencia de vida, esta carga consigo innumerables significados que la entrelazan a su contexto, acumulando intrincadas redes de relaciones, a las cuales el autor le da significado.

En el capítulo IV el autor nos brinda evidencias de su recorrido por un paradigma humanista e interpretativo, sin embargo, desde los inicios de la investigación, es fácil para el lector comprender que estamos en un proceso hermenéutico desde lo fenomenológico o una hermenéutica fenomenológica. En el capítulo se sigue profundizando en el enfoque etnográfico, etnometodologico, historias de vida. A su vez se explican los protocolos técnicos para la captura y procesamiento de datos, incorporando el análisis e interpretación de los mismos. Se explican y se realizan además los procesos de codificación, categorización y teorización en el capítulo V y la integración de paradigmas de la investigación en capítulo VI. Mostrando además en un cuadro explicativos y resumido, los planos y fundamentos epistemológicos de la investigación, para una mejor comprensión al lector. Todo el trabajo de investigación que se plasmó en este libro, finaliza con unas interesantes y profundas reflexiones del autor.

Dra. Belkis Zoraida Tovar

Miembro de la Comisión Coordinadora del Doctorado en Ciencias Sociales, Mención Estudios del Trabajo de la Facultad de Ciencias de la Salud. Universidad de Carabobo.

INTRODUCCIÓN

El presente texto titulado "ASÍ HICE MI TESIS DOCTORAL - Experiencia en la integración de paradigmas y métodos de investigación" cuyo propósito planteado es dar a conocer la experiencia vivida como investigador en la integración de paradigmas y métodos de la investigación científica; el cual se lleva a cabo mediante un tránsito por todo el proceso de elaboración de la tesis doctoral titulada: EL MUNDO DE LA VIDA Y VIVENCIAS DE LOS TRIPULANTES DE SUBMARINOS DE LA ARMADA DE VENEZUELA, mostrando los fragmentos más importantes de dicho trabajo, y a la vez ofreciendo una explicación de las razones y criterios que me llevaron a cada paso. Cabe acotar que para la elaboración de la tesis doctoral se siguió la integración de métodos en el paradigma cualitativo, y posteriormente se realizó un trabajo de investigación tomando como referentes teóricos las construcciones drivadas del sendero epistemológico obtenido en dicha tesis, lo que constituyó la integración con el paradigma cuantitativo.

En este orden de ideas, se tiene que para iniciar el proceso de investigación doctoral se presentó como una primera interrogante a resolver ¿con cuál método iniciar una investigación inscrita en el paradigma cualitativo? y nótese que no hablo de método cualitativo sino de paradigma, habidas cuentas de las implicaciones de una forma diferente de afrontar la investigación que aborda una posición epistémica, una nueva episteme en la manera de hacer ciencia, que en palabras de Moreno (2008) se conceptualiza como "la forma de conocer", esta forma de conocer desde esta perspectiva como episteme que direcciona una corriente en el ámbito científico y por lo tanto la forma de hacer ciencia, encaja perfectamente en lo que Kuhn (2005) denomina paradigma, en tal sentido, para efectos de esta obra se toma la investigación fundamentada en los datos cualitativos más que como un método como un paradigma y se deja la denominación de método para diferentes caminos que deban seguirse de acuerdo a las formas que muestra el fenómeno en su aparecer. De esta manera, si de este sendero nos vamos a valer, se puede tomar como primicia la sugerencia de Martínez (2004), de iniciar toda investigación basada en este paradigma empleando el método fenomenológico. Ahora debemos preguntarnos cuando Martínez (op. cit.), dice iniciar ¿Sugiere el precitado autor que el método puede cambiar a medida que transcurre la investigación? ¿Implica ello que pueden emplearse varios métodos? ¿Cuál es el procedimiento? ¿Cómo saber que método usar?

Antes de dar respuesta a las interrogantes planteadas, hay que tomar en cuenta que una de las bases filosóficas de este paradigma es el pensamiento de Edmund Husserl, conocido como el principal fundador de la fenomenología, en este sentido cobra fuerza la postura de Martínez (op. cit), y entonces en estos términos para responder a las interrogantes previas el asunto desde dicha óptica, aborda necesariamente lo filosófico bajo la indispensable posición reflexiva que debe asumir el investigador ante el fenómeno, de manera de lograr hurgar en medio de las manifestaciones empíricas en que se ve inmerso el objeto de nuestra indagación, y cuando digo se ve inmerso, quiero expresar la idea de un todo que envuelve al investigador, el ente que le llama la atención como cosa a investigar, el contexto y sumamente importante las relaciones que en ese momento (momento de la identificación del ente) se dan. Entonces, surge una premisa, el ente al que nos enfrentamos, el fenómeno, es temporal, o sea puede cambiar con el tiempo y no solo puede cambiar con el tiempo, es un ser pensante cuyo aspecto puede ser variado a voluntad, tal como lo expresa Husserl (2007).

Desde esta posición, el primer aspecto al que nos enfrentamos es el aparecer del ente que nos lleva a la fenomenología, luego un asunto de dinamismo en la apariencia de este ente, entonces, la respuesta a las primeras interrogantes de la mano con Martínez (op. cit.), implica resolver el problema inicial desde lo fenomenológico y la posibilidad de diferentes apariencias del fenómeno que obligarían a formas diferentes de enfrentarlo, por lo cual, queda abierta la opción del empleo de métodos variados en una misma investigación.

Lo anteriormente expuesto, obligó a ir construyendo dicho camino desde un enfoque gnoseológico, que comprende describir el objeto de estudio lo más exhaustivamente posible, tal como se muestra, sin buscar interpretaciones, desde el enfoque fenomenológico, realizar una descripción noemática, que se recoge en el capítulo I, como LO QUE APARECE, COMO APARECE. Lo que apareció condujo a una interrogante primera de la mano con Heidegger (2008), en cuanto a saber cómo llegar al ser que así se manifestaba, ello implica una inmersión en la reflexión filosófica y a tratar de colocarnos en una posición neutra, mirar sin ninguna preconcepción epistemológica, que se concibe en el capítulo II, como LA POSICIÓN FILOSÓFICA, que comprende un arqueo desde lo filosófico en términos de la reiteración del carácter humanista de la investigación en torno a lo fenomenológico, la necesidad de acudir a la hermenéutica como vía para develar la esencia del fenómeno y la conciliación de hermenéutica con la fenomenología en una hermenéutica fenomenológica, que permite una vez clarificado el fenómeno y evidenciado su ser en un modo de ser, por medio de la interpretación de actos que se nos hacen comprensibles en el lenguaje, realizar la exegesis lingüística que nos da acceso al conocimiento, y fundamente la integración de métodos de acuerdo a los modos de aparecer del ente. **Así se establecen los fundamentos filosóficos de la investigación**.

Una vez en autos, de que por medio de una exegesis del lenguaje se llegaría al conocimiento, surgieron dos nuevas interrogantes ¿A quién se iba a interrogar? y ¿Cómo interrogar?, la respuesta a la primera se encuentra en el capítulo III, LAS VOCES DE LOS TRITONES, que entonces nos permitió ubicarnos en los estudios etnográficos, etnometodológicos y las historias de vida, ya aquí se tiene a quien interrogar sobre lo cultural, el entramado intercomunicativo y la construcción de sus historias de vida. **Así se establecen los fundamentos epistemológicos de la metódica.** La segunda interrogante, el cómo interrogar lo constituyó el capítulo IV, EL DISEÑO ARQUITECTÓNICO PARA DIALOGAR CON EL SER, que comprende los aspectos procedimentales, tales como, la reiteración del paradigma en lo humanístico, los pasos para realizar las historias de vida, la observación participante como técnica y los diferentes instrumentos, la validez y confiabilidad cualitativa y como aspecto innovador, la epojé, basada en la historia de vida del investigador, mi historia de vida cómo tripulante de submarinos.

Adicionalmente, se llevó a cabo una consulta a expertos en filosofía, investigación, relaciones laborales, estudios del trabajo y administración y gerencia, sobre la pertinencia de las bases epistemológicas utilizadas como guías; también se utilizó el recurso de las impresiones de investigadores externos, donde un grupo de colegas de la Universidad de Carabobo visitó un submarino y plasmaron sus opiniones; y los informantes claves escogidos para las entrevistas. De la misma forma, se empleó la orientación de los postulados del paradigma emergente a manera de auto reflexión del investigador, mi persona. Así mismo, se indican cómo se hicieron los procesos de codificación, categorización y teorización que establecen los **fundamentos procidementales** y la cosntrución epistémica que se muestra en el capítulo V, LA EMERSIÓN EPISTEMOLÓGICA. Igualmente, cabe la acotación que se empleó la herramienta computarizada Atlas ti como poyo al procesamiento de los datos cualitativos.

Como trabajo posterior a la realización de la tesis, tomando los elementos epistémicos obtenidos como cuerpo categorial, en términos de dimensiones e indicadores, se expone en el capítulo VI, LA INTEGRACIÓN DE PARADIGMAS, los resultados de la integración de los paradigmas de investigación científica.

CAPÍTULO I

LO QUE APARECE, COMO APARECE

NOTA: Acá se comienza con un extracto de la tesis tal como se elaboró, donde se justifica el método de abordaje de dicha tesis que textualmente se muestra a continuación:

La intencionalidad

Expertos en investigación como Diez (2011), a tono con Gadamer (1977), Ricouer (2003) y Martínez (2004), coinciden en que la inmersión inicial en toda investigación basada en el paradigma cualitativo se aborda desde la fenomenología para luego realizar el proceso interpretativo y/o comprensivo que conlleva el ejercicio hermenéutico.

Una inmersión fenomenológica, implica, dirigir la mirada a las razones que impulsan al investigador a la realización de la investigación, lo cual conlleva a retrotraerse a la concepción de Husserl de intención, como acto de atender, este atender se refiere a un objeto, denominado objeto intencional, sin embargo, es importante de acuerdo al autor entender que: "el objeto intencional no es siempre considerado atendido" (1976, p. 498-499), ya que hay muchos actos que se presentan a la vez, y entretejido en estos actos se encuentra dicho objeto, que en una primera instancia pareciera no haber sido tomado en cuenta.

Pero prosigue el autor, indicando que puede ser que este objeto no haya sido atendido en un inicio (tomado en cuenta en un primer encuentro), pero posteriormente la atención se dirige sobre ese objeto en particular, de esta manera se tiene claro que la escogencia del tema es un acto de intencionalidad y esta intencionalidad deviene de la experiencia vivida por mi persona y que me ha permitido dar significado especial al objeto intencional, tal como lo expresa Husserl: "La vivencia del significar son actos, y lo significativo de cada acto particular reside justamente en la vivencia del acto (en el encuentro), y no en el objeto y reside en lo que hace de ella una vivencia intencional." (p. 473), entonces obliga Husserl a una primera reflexión tanto para el investigador como para el lector, así de esta manera, como novedad de la investigación se presentó primeramente la historia de vida propia y que sirvió como fundamento de la epojé comprendidos por los actos vivenciales (mis vivencias durante 20 años como tripulante de submarino), y luego los actos y vivencias de los actores consultados y las observaciones realizadas en el transcurso de la investigación.

NOTA: Retomando la intencionalidad inicial, donde se narran los actos de atracción que permitieron el encuentro submarino y aspirante a ser submarinista, y el encuentro investigador-objeto intencional, a continuación, se ofrece una muy general descripción de este, como paso siguiente luego de fundamentar el aspecto de la intencionalidad, tal como se ha hecho.

Descripción del objeto intencional

Un submarino de combate se define como un buque con capacidad especial para navegar en inmersión, actividad que lo convierte en un sistema altamente riesgoso dadas las dificultades tecnológicas, la naturaleza del medio submarino y maniobras (procedimientos, coordinación de actividades e imponderables), que implica la entrada, permanencia en inmersión y salida a superficie, al igual que los escenarios tácticos que involucran el enfrentamiento en la guerra u operaciones de patrullaje y ejercicios en tiempos de paz.

En este orden de ideas, se debe tomar en cuenta que las

condiciones del medio submarino ofrecen mucha mayor complejidad que la navegación en superficie, la aérea y la terrestre, entre otras cosas por las presiones que ejerce la masa de agua sobre el objeto que se sumerge en ella, por lo que hay bajas probabilidades de escape con vida de accidentes (Trujillo, 2009) y limitante visual y de otros medios de comunicación electrónicos hasta hoy desarrollados, ya que el elemento de comunicación subacuático es el sonido, y su comportamiento es altamente influenciado por la variación de la presión, la temperatura del agua que difiere con la profundidad y otros factores como la salinidad y el ruido producido por la vida marina en general, con lo cual los equipos de sonar son altamente limitados comparados con los equipos de comunicación y detección que se emplean en el aire, la superficie del mar y la tierra.

Precisamente, las condiciones naturales que presenta el medio donde se desenvuelve el submarino (área debajo de la superficie marina), en contraposición a las limitantes de detección hasta hoy desarrolladas por la tecnología, le permiten al submarino permanecer oculto sin ser descubierto y lograr la detección antes que el enemigo desde la superficie o el aire; esta invisibilidad del submarino constituye su razón de ser bélico, dada las grandes ventajas que le ofrece el permanecer oculto para acercarse al objetivo y atacar, obtener algún tipo de información, sembrar minas, desembarcar buzos, etc. sin ser localizado, como ya se ha indicado.

Por supuesto que las condiciones descritas, requieren de una especial filosofía de empleo y ciertas cualidades de quienes tripulan dichos buques y por otro lado presentan unas circunstancias para el desempeño laboral y relaciones de trabajo muy especiales que demandan, además de las mencionadas condiciones para su empleo. Igualmente, facultades particulares para permanecer, laborar y mantener relaciones de trabajo en el habitad que se presentan como escenario convivencial durante los largos periodos de navegación, como en los lapsos para mantenimiento en puerto.

Así, lo que aparece a primera vista es un medio laboral que irrumpe en lo convivencial, donde debe haber elementos subyacentes comunes entre medio e investigador que obligan a dicho investigador a dirigir su mirada hacia dicho objeto de estudio.

Para precisar aún más, se hace la salvedad que se limitó la investigación a submarinos del tipo convencional, los cuales a diferencia de los nucleares funcionan con baterías y generadores diesel (hay otras versiones), tal cual posee Venezuela, los cuales son de fabricación alemana del tipo U209, (U: significa uboot en alemán bote debajo del agua,), son unidades de 66 mts de longitud (eslora), por 6,3 de ancho (manga), y su forma es de cilindrica, en cuyo interior se pueden alojar cuarenta y cinco tripulantes o más (oficiales de comando (gerencia), oficiales técnicos (técnicos e ingenieros), sargentos (tropa profesional, mano de obra altamente calificada) y marineros (tropa alistada de calificación básica), además de albergar las maquinarias, bombas de diferentes tipos, sistemas electrónicos, eléctricos, baterías de propulsión, motor propulsor, generadores de corriente, convertidores de energía electrica, sistemas hidráulicos y neumáticos, cavas para provisiones, tanques de agua salada y dulce, dos baños y una cocina, torpedos y otros armamentos y los equipamientos de literas y espacios para ropa y lencería.

Esta distribución deja a cada costado los espacios para camarotes, un estrecho pasillo de unos ochenta centímetros de ancho que en la parte media del submarino se amplía para ofrecer el espacio al puesto de mando, en cuyo centro están los periscopios y en su periferia los computadores de tiro y equipos de navegación, consola de operación de los sonares y otros, luego se encuentra una puerta que da paso al local de control de la profundidad y rumbo con sus respetivas consolas de operación, grupos de válvulas para realizar las maniobras de movimiento de agua entre tanques o hacia y desde el mar para mantener la profundidad, tableros y mandos para el control de la propulsión y sistemas eléctricos, y finalmente otra puerta que da paso a la sala de máquinas donde se encuentra, los motores propulsores, generadores, bombas y otros.

A lo largo y ancho de este espacio se sitúan válvulas, interruptores y numerosos dispositivos donde pareciera que se pensó en todo menos en el ser humano, durante la operación cada hombre tiene un puesto y se divide la tripulación en tres grupos, uno está de guardia operando y dos grupos descansando, realizando labores de mantenimiento o estudiando, el adiestramiento es "demasiado importante", nadie puede ocupar un puesto de guardia si no está debidamente calificado, y esto afecta los grupos de guardia, dándose los casos en los cuales hay que hacer guardias de seis horas por seis horas de descanso. Sólo con la firma de un calificado y previo visto bueno del segundo comandante; un tripulante está apto para ocupar un puesto de guardia, dada la conciencia clara de cada tripulante en el desempeño de su rol de guardia o actividad operativa, que de cometer alguna equivocación podría ocasionar la pérdida de la unidad y por ende la vida de todos sus tripulantes; la obtención de la calificación pasa por rigurosos procesos, donde los calificados son sumamente exigentes con los calificando, pues si una cosa esta clara es que la manipulación de cualquier equipo o instrucción que se dé o se cumpla conlleva altas probabilidades de serios riesgos para toda la tripulación.

Es importante señalar que los que no están en sus puestos de guardia, laboran en los mantenimientos, estudian o realizan reparaciones, toda falla se ataca de inmediato y nadie descansa hasta solucionarla, todos los tripulantes están al tanto de todo lo que sucede, los sistemas de órdenes colectivas llegan a todo el buque. El servicio de agua es restringido y la tripulación puede bañarse cada tres días. El ambiente se simula, de día se mantiene las luces prendidas y de noche se apagan (queda solo el alumbrado necesario), todos los gases y olores se dispersan

ASÍ HICE MI TESIS DOCTORAL

en el ambiente interno, hasta el momento de hacer snorkel para recargar las baterías, donde por medio de una tubería (el mástil de Snorkel), se admite aire al interior y se purifica dicho ambiente (una vez al día, aunque puede variar de acuerdo a la situación táctica).

Según la estructura organizativa, existe un cocinero y uno o dos ayudantes, se realizan las tres comidas en horarios normales y una adicional a las dos de la mañana para quienes están de guardia; en las labores de mantenimiento, reparaciones, limpieza y cocina, existen siempre voluntarios que ayudan sin importar la jerarquía. Igualmente, el horario y la rutina suelen ser alterados por prácticas de combate, que a veces sobrepasan las cuatro o seis horas (en tiempos de paz), en caso de una guerra a juicio del comandante pueden redistribuirse los grupos de guardia, igual durante la operación de carga de baterías (snorkel), se alteran ciertas rutinas de sueño del personal. De la misma manera, los espacios para ropa son restringidos y no se admiten los excesos de equipaje.

Vista una descripción muy general del ambiente donde se desarrolla la labor del submarinista y habidas cuentas del riesgo genérico operativo ya descrito por la maniobra en las profundidades del mar del submarino, ahora desde un enfoque de condiciones laborales se puntualizarán las particularidades que enfrentan estos hombres:

Sobre esfuerzo: tanto en la manipulación de partes, equipos y herramientas para mantenimiento, que se complejiza con la limitación del espacio y las exigencias de horas de vigilia por guardias y condiciones especiales de roles de prácticas de combate y su latencia en situaciones reales de enfrentamientos bélicos.

Manipulación de máquinas y herramientas peligrosas: equipos eléctricos de alta tensión y amperaje (500 voltios y 13000 amperios), sistemas neumáticos de alta presión hasta 250 kg/cm².

Trabajo en zonas peligrosas como tanques de baterías, sentinas (fondo del barco donde se depositan aguas y otros elementos), salas de máquinas con estrechos pasadizos entre motores y equipos en funcionamiento con exposición a altas temperaturas (más de 40 grados centígrados).

Existencia de aberturas, desniveles y escaleras, vibración mecánica, (hay muchos motores debajo de camas o a su costado), existencia de atmosfera enrarecida con gases como el hidrogeno que desprenden las baterías, monóxido de carbono de los motores, disminución de los niveles de oxígeno y saturación con CO_2, riesgo de explosión por aire almacenado a alta presión, combustible diésel y oxigeno almacenado a alta presión.

De la misma manera, existe una constante presión psicológica por efectos de la permanencia en lugares encerrados, prolongados periodos de tiempo sin ver luz natural, la exigencia de la tecnología del equipamiento, el manejo de la incertidumbre en diferentes maniobras con potencialidad de accidentes (la mayoría de los accidentes submarinos en tiempos de paz se han dado en maniobras de salida a superficie dado que en este lapso los sonares son altamente limitados), que reclaman un máximo de atención e intuición ante limitaciones de los sensores y la latencia del hecho, que sólo hasta setenta y cinco metros de profundidad existe posibilidades de rescate de un submarino hundido, (no se conoce operaciones de rescate a profundidades mayores y en nuestros mares a apenas unas cinco millas de la costa las profundidades superan los cien metros y hasta llegan a más de 2000 mts.).

Esta exigencia psicológica toma dimensiones mayores en el caso de una guerra, ya que la letalidad del submarino se contrapone con su vulnerabilidad, si fuese descubierto y las limitadas posibilidades de rescate (Jiménez, 2000).

Adicionalmente a esto, sólo el Comandante tiene camarote privado, no obstante las bombas de agua dulce están bajo su cama, durante la operación normal la guardia entra a su camarote a hacer inspecciones de rutina, el resto de la tripulación se distribuye por el buque en ambientes compartidos, donde de la misma manera todos los tripulantes están expuesto a la interrupción de su descanso y relativa privacidad dado que prácticamente no hay un lugar donde no exista un dispositivo, equipo, compuerta o válvula que no deba ser chequeado constantemente y perturbar a quien allí se encuentre. Por otra parte, y muy importante está el alejamiento y difícil posibilidad de comunicarse con los familiares.

No obstante, la experiencia indica que se da un ambiente de trabajo en equipo, altamente efectivo, se trabaja con relativa familiaridad, existe un alto sentido de cooperatividad, la disciplina pareciera por sobre la estructura de autoridad militar altamente rígida, tener cimientos en el carisma y el respeto, no obstante las figuras de premios y castigos institucionales se mantienen vigentes, se da cierto relajamiento en el vestir y se asumen culturalmente por sobre el dialecto militar, otras formas de trato superior subalterno y viceversa muy particulares sin llegar al irrespeto y se conforma un entramado lingüístico donde se teje lo militar, lo técnico, lo táctico y las jergas nacionales.

NOTA: Hasta aquí, pueden notar que se ha realizado una descripción lo más al detalle posible del objeto de estudio, esto representa el noema, ahora se procede a una contrastación inicial con los fundamentos con los fundamamentos teóricos que guian el sendero epistémico, que podrían darnos algunas pistas desde diferentes disciplinas de lo que estamos observando y su vinculación a los Estudios del Trabajo, así como aquellos elementos no considerados en dichos fundamentos teórico que ofrecen las fisuras para elaborar la interrogantes de la investigación.

Contrastación epistémica y fisuras disciplinares

Lo antes indicado por supuesto que tiene una explicación en cuanto a la cohesión grupal como respuesta de la naturaleza humana, para enfrentar amenazas comunes (Blum y Naylor, 1992), lo cual a primera vista es verdad, enfrentan en común el riesgo del medio submarino, los riesgos e incomodidades de la permanencia y actividad laboral en el interno del submarino, y la potencialidad de un enfrentamiento bélico, no obstante tiene una particularidad; son voluntarios, pueden solicitar su transferencia en cualquier momento, sin afectar su futuro profesional, lo que llevó a una interrogante ¿por qué entonces eligen y permanecen en este sitio de trabajo?

Aunque otra respuesta podría encontrarse en los incentivos laborales, vale acotar en este sentido que no existe un régimen de premiación diferente al resto de la Armada, si lo vemos por las recompensas monetarias, aunque existe una prima, esta no es representativa en cuanto al sueldo y no marca diferencia apreciable respecto al resto de la institución, a la sazón, podría direccionarse el asunto quizás al campo de las expectativas (Robbins, 2005) o necesidades (Davis y Newstrom, 1999), ¿ qué otros incentivos motivan a estas personas?

Ahora, para responder con arreglo al enfoque anterior, es necesario entonces indicar que la tripulación de un submarino está compuesta por personas provenientes de diferentes estratos sociales y nivel académico, en el cual se dan combinaciones de dichas condiciones: los Oficiales de Comando, que constituyen el cuadro de comando (gerencial), provienen en su mayoría de estratos sociales medios altos, medios y medios bajos, (sin exceptuar algunos de niveles bajos o altos), de igual forma algunos son hijos o familiares de anteriores integrantes de la institución, su nivel académico es pregrado (licenciados en Ciencias Navales y postgrado) cuya expectativa es el cargo de "Comandante".

Siguen los Oficiales Técnicos (técnicos superiores universitarios), los cuales provienen de estratos muy parecidos a los Oficiales de Comando, pero su composición tiende hacia los estratos medios bajos (también ingresan con menor edad), no tienen la posibilidad de Comando, más si de jefe de alguna sección o departamento.

Luego, de acuerdo a la estructura organizativa sigue la Tropa Profesional (Sargentos) que constituyen la mano de obra especializada, provienen del personal de tropa alistada, que luego de cumplir el servicio militar voluntariamente se alistan en la fuerza submarina, aquí la composición de proveniencia se inclina marcadamente hacia los estratos bajos de nuestra sociedad, sin excluir sus excepciones, se les exige un mínimo de tercer año de educación media, quienes son objeto de una capacitación técnica progresiva y pueden llegar a ser jefes de alguna sección o departamento (técnicos electricistas, electrónicos, navegadores, comunicadores, maquinistas, cocineros y otros).

Y finalmente, el personal de tropa alistada, compuesta por jóvenes que deciden pagar su servicio militar en la Armada y por supuesto luego en el Escuadrón de Submarinos, se desempeñan como ayudantes en las diferentes áreas, este personal una vez finalizado su servicio militar puede tomar la decisión de hacer carrera en la institución y de acuerdo a su desempeño es aceptado o no, entonces se convierten en los sargentos antes mencionados, su expectativa inicial es pagar su servicio militar.

En este orden de ideas, ante la disímil situación de nivel académico, edades, proveniencia de estrato social, expectativas de carrera y necesidades, pareciera que por esta vía una respuesta no ofreció un hilo conductor que le dé coherencia a la problemática en cuestión. Visto que, por la vía de la cohesión como elemento para enfrentar las amenazas, las expectativas y necesidades, no se ha podido responder a las razones que mantienen a este grupo de personas en la ya indicada situación laboral. Se hizo necesario recurrir a una exegesis desde un enfoque fenomenológico y hermenéutico, para llegar a las aproximaciones que develen los elementos comunes subyacentes que respondan la situación antes planteada (forma inicial de identificar esta primera faceta de lo que aparece).

Igualmente, regresando a las motivaciones que atraen al individuo a dicho ambiente, hay que aceptar el hecho de la aparición ante cada individuo como objeto intencional del fenómeno de unas exitosas relaciones de trabajo en condiciones adversas, que no tienen respuesta en lo epistemológico, de acuerdo al arqueo previo realizado y por lo tanto refiere a la búsqueda de respuesta en lo ontológico (Barrera, 2008), dado que al mostrarnos elementos imbricados desde lo gnoseológico, obliga a indagar en la latencia de la naturaleza que subyace tras el fenómeno, en el cual se dan unas relaciones de convivencia que configuran un orden moral de la colectividad (tripulantes) y unas determinantes individuales que en su encuentro parecieran coincidir en un esquema de valoraciones comunes que posibilitan dichas exitosas relaciones de trabajo (aquí se ve lo individual y lo colectivo que lleva a lo moral, lo cultural y sus métodos de relacionarse).

NOTA: Aquí vemos comienzan a surgir elementos que guian los aspectos a investigar "lo colectivo que lleva a lo moral, lo cultural y sus métodos de relacionarse"

De esta manera, desde el punto de vista convivencial que supera las condiciones laborales, por la especial situación de que los tripulantes de los submarinos hacen vida en su lugar de trabajo (laboran, comen, duermen, se adiestran y distraen), se conceptúa este ambiente como un mundo donde los entes que lo conforman interactúan de acuerdo a sus peculiaridades, dándose entonces una dinámica de interacciones, que por una parte son el resultado de una normativa aceptada por todos desde lo colectivo y lo individual en base a valorizaciones comunes, que se inscriben en un marco de valores éticos y morales en términos de la manifestación de los seres de estos entes en cada actividad relacional que lleva a una situación de existenciaridad, y por lo tanto una vía de acceso a dicho ser jalona la necesaria indagación de estos seres a través del hombre en su momento existenciario (el aquí y el ahora), desde cada hombre, cada tripulante, como interlocutor único de todos los entes que conforman ese mundo y que denomina Heidegger (2008), el "Ser ahí" (hermenéutica).

NOTA: En este párrafo se puede observar como se sigue aclarando el camino para la elaboración de las interrogantes y posteriormente los prósitos u objetivos.

Al valernos de este autor, hay que tomar en cuenta que éste también distingue, que dentro del mundo circundante del que es parte el "ser ahí", existen otros seres que no son el "ser ahí" y que, a diferencia de éste, que se caracteriza por ser un existenciario con determinados modos de ser, estos otros seres, poseen unas determinaciones que signan sus particularidades. En este sentido, la investigación presenta entre sus enfoques, las indagaciones sobre el ser ahí de los tripulantes de los submarinos en arreglo a los modos de ser que presenten estos en sus actos decisionales y las indagaciones sobre las determinaciones éticas, morales y otras que configuran las normas convivenciales de los tripulantes de los submarinos, sin excluir otras vías que enriquezcan la diversidad que pueda surgir de este escenario.

NOTA: Ahora se procede a elaborar las interrogantes para llegar a los objetivos o propósitos.

La pregunta que interroga por el ser

Para buscar el hilo conductor que lleve a responder las interrogantes previas, pareciera que el asunto, como se ha señalado se inscribe en los elementos subyacentes que permiten la convivencia y configuran las relaciones de trabajo bajo las condiciones ya mencionadas y que determinan las valorizaciones aceptadas por la comunidad, las valorizaciones individuales de cada tripulante, además de los aspectos culturales que allí se gestan y las posibles afecciones para la salud, se plantean las siguientes interrogantes:

¿Qué particularidades personales se presentan como actos profesionales y personales para escogencia y permanencia del personal en las unidades submarinas de la Armada venezolana?

¿Qué elementos desde lo individual y colectivo determinan la convivencia y las relaciones de trabajo de los tripulantes de las unidades submarinas de la Armada venezolana?

¿Cómo se caracteriza la cultura organizacional?

¿Cómo se manifiesta la conciencia del riesgo operacional y ocupacional en los tripulantes de las unidades submarinas de la Armada venezolana?

¿Se perciben otras acepciones del riesgo?

¿Se manifiestan algunas consecuencias en el contexto de la salud laboral? (psicológicas o fisiológicas y sociales).

¿Cómo se configura desde lo simbólico el entramado lingüístico que permite la dinámica sistémica del grupo?

Propósitos para responder a las interrogantes

Propósito General

Generar un estudio acerca del mundo de la vida y vivencias de los tripulantes de las unidades submarinas de la Armada venezolana, en perspectiva de sus relaciones laborales y convivenciales.

Propósitos específicos

1. Indagar sobre los elementos colectivos que determinan la convivencia y las relaciones de trabajo de los tripulantes de las unidades submarinas de la Armada venezolana.
2. Describir las condiciones de la organización y ejecución del trabajo.
3. Interpretar la conciencia que tienen los tripulantes de los submarinos ante las situaciones de riesgo y exigencias del trabajo en las unidades submarinas de la Armada venezolana.
4. Conocer los elementos organizacionales y laborales que configuran el liderazgo, la actividad gerencial, la competencia por los cargos, ascensos, y permanencia en el ámbito laboral de las unidades submarinas de la Armada venezolana.
5. Describir las maneras de presentarse la cultura organizacional y la semiótica como elemento atractor y cohesionador.
6. Develar los elementos componentes de la personalidad que determinan la decisión de ingreso y permanencia a este medio a los aspirantes a submarinistas.
7. Describir la estructura relacional lingüística que configura el mundo de la vida y vivencias de los

tripulantes de las unidades submarinas de la Armada venezolana.

NOTA: hasta ahora no se ha mencionado el título de la tesis, ya que se siguió la vía; interrogantes, objetivos o propósitos para derivar de ellos el título que fue: **EL MUNDO DE LA VIDA Y VIVENCIAS DE LOS TRIPULANTES DE SUBMARINOS DE LA ARMADA DE VENZUELA.**

NOTA: cabe destacar que desde el punto de vista de proyecto se dio un primer enfoque desde lo fenomenológico, pero bajo la premisa del paradigma cualitativo que indica que el método se va construyendo a medida que avanza el trabajo de investigación, se puede decir que la discursiva previa, nos colocó por decirlo así en el portal de la investigación, y abre un abanico de posibilidades en cuanto a elementos que abordar, en términos disciplinares, dado que superada la discusión inicial del trabajo y los enfoques motivacionales tradicionales condujo a las temáticas de lo personal, la cultura, la ética, la moral, las condiciones laborales, el liderazgo, las competencias, la conciencia del riesgo y a la vez, desde donde abordarlo que pareciera ofrecer una suerte de aristas que asoman, el aquí y el ahora, lo que permanece, lo íntimo y lo colectivo y lo relacional, y aún más busca cimientos que le permitan ubicarse en un derrotero metódico, un derrotero metódico que ofreció visos de lo fenomenológico, lo hermenéutico, lo etnográfico y lo biográfico. Asunto que más allá de una elaboración múltiple o complementaria remite a una solución transcompleja que se denominó "la investigación transmetodica".

NOTA: En este orden de ideas, se procedió a la construcción transmetódica (integración de métodos), como andamio que conduce a la complejidad que emergió de este arribo al portal de la investigación, tal como se expone en los siguientes capítulos.

CAPÍTULO II

LA POSICIÓN FILOSÓFICA
Los fundamentos filosóficos de la investigación y la transmetódica

NOTA: en este capítulo se buscan sustentos que sigan guiando el camino epistémico para respaldar los criterios de empleo de los métodos y su integración, donde emerge el constructo de la transmetódica, asunto este que se constituyó como un aspecto innovador en la investigación, donde se busca delucidar el cómo llegar al objeto, todavía no hablamos del objeto. Veamos cómo se realizó.

Lo filosófico

Primeramente, y a tono con la exigencia y rigurosidad de todo trabajo científico, se debe tener en cuenta la búsqueda del conocimiento, que como doctrina filosófica, tiene su ubicación en el todo que es la filosofía, entendida en primer término, etimológicamente en su derivación del griego como "amor a la sabiduría" (Ferrater, 1964), pero que se amplía como resultado de diferentes postulados filosóficos como una concepción del yo y del universo, de donde se puede tomar la expresión de Hessen (1978).

> La filosofía es una autoreflexión del pensamiento sobre el valor de su conducta teórica y práctica que simultáneamente, aspira al conocimiento de las últimas relaciones entre cosas, a una concepción racional de universo (p.13).

Desde este punto de vista y de la mano con Morales (2002), se hace necesaria asumir una posición filosófica, a fin de acceder al conocimiento del objeto de estudio, de tal manera que vale indicar que la filosofía ha sido caracterizada en términos de relaciones (op. cit.), asunto que le otorga desde una primera instancia un carácter filosófico a la investigación realizada, dados los elementos relacionales en cuanto a trabajo y convivencia que se da en el ámbito del servicio en submarinos, de la misma manera desde una perspectiva Platónica y Aristotélica, la filosofía que nace de la admiración y de la extrañeza, implica admirar lo que aparece, pero reflexionar sobre sus manifestaciones. Mientras para Platón es el saber que, al extrañarse de las contradicciones de las apariencias, llega a la visión de lo que es verdaderamente, de las ideas (extrañarnos de la vida en submarinos), para Aristóteles la función de la filosofía es la investigación de las causas y principios de las cosas, así que el filósofo posee, de acuerdo al Estagirita, la totalidad del saber en la medida de lo posible, sin tener la conciencia de cada objeto en particular, es entonces cuando desde lo filosófico en primera instancia se da ese extrañarse de las particularidades del mundo de los submarinistas, pero también se busca cómo llegar a la particularidad del objeto que constituye el tejido de la comunidad submarinista venezolana.

Según lo antes expuesto, la filosofía conoce por conocer, es la más elevada y a la vez la más inútil de todas las ciencias, porque se esfuerza por conocer lo cognoscible por excelencia, es decir, los principios y causas, y en última instancia, el principio de los principios, la causa última, lo que reafirma la posición filosófica asumida de la mano con Morales (op. cit.), en términos de buscar las raíces que dan origen a la situación planteada, para lo cual a continuación se explanan las referencias que constituyen la base epistémica, adoptadas como filosofía primera de acuerdo a Aristóteles (en Gabaldón, 2007), como una guía para tomar el camino que conduzca al ser del conocimiento, esa guía que nos traslade a los principios y causa que constituye el objeto de estudio en referencia.

Por otra parte, indican Soto y Cárdenas (2007), que la filosofía trata entre sus objetos de estudio a la epistemología, como búsqueda de un punto de apoyo desde donde iniciar la contemplación, en palabras de Aristóteles (2008), como ya se indicó de una filosofía primera (op. cit.). De esta manera se acomete la tarea de edificar las bases epistemológicas que ofrezcan los cimientos para construir el andamio de la metódica a seguir. En otras palabras, se plantea en esta sección como se construyó la metódica para a acceder al conocimiento. En este orden de ideas, a continuación, se expone el enfoque de los elementos filosóficos que constituyen el entramado teorético para develar dicho sendero.

Episteme

Moreno (2008), al adentrase en una conceptualización de la palabra episteme acude a la expresión de Galileo que indica:

> Vano sería el pensamiento de quien creyese introducir una nueva filosofía reprobando a este o aquel autor, es preciso en primer lugar, aprender a rehacer el cerebro de los hombres y ponerlos en actitud de distinguir lo verdadero de lo falso, cosa que sólo Dios puede hacer (p. 46).

Agrega el autor que episteme es algo como una hechura particular del cerebro de los hombres en un momento de la historia, es "un modo general de conocer" (op. cit.), que condiciona todo el proceso de conocer y en consecuencia todos los actos de conocer y aquellos conocimientos producidos en el seno de determinada cultura o sociedad, ella se encuentra por lo tanto en el origen productivo de los signos y los juegos de lenguaje, así:

> Cada proposición y cada juego de lenguaje le pertenecen. De la episteme surgen determinados juegos de lenguaje y no otros. Es la condición de posibilidad de los lenguajes. La episteme no se piensa; se es pensado por ella, en cuanto el pensamiento por ella está regido. (Moreno, 2008, p. 48).

Es de importancia capital la frase "...de la episteme surgen determinados juegos de lenguaje y no otros..." (op. cit.), a fin de advertir el peligro de caer en un positivismo irreflexivo que castre, condicione y no permita que aflore con toda su riqueza los contenidos del onto (la raíz del todo), esta advertencia cobra pertinencia en torno a una aparente contradicción desde lo filosófico, que preguntaría entonces sobre cómo manejar el asunto de la necesidad de una filosofía primera (ontología), como punto de partida de todo conocer y a la vez no quedarse atrapado en cuerpos categoriales restrictivos y simplificantes, con lo que el asunto remite al empleo de dichas bases en primer lugar como referencias iniciales. Un punto estimado de partida desde donde comenzar a observar, sin el compromiso de su comprobación, irreflexivo seguimiento o modificación, pero si con la vía libre para desde una rigurosidad científica avanzar hacia las superaciones que la misma investigación exija.

Como condición de posibilidad de los lenguajes, entonces se adecúa la manera de sentar las realidades que permitan la emersión desde el lenguaje como expresión de los actores y el contexto (dejar hablar al fenómeno), y tomar este lenguaje como medio para categorizar los elementos que deje al descubierto el ser de las cogitaciones a tratar.

NOTA: Ahora es importante ver el camino seguido que permitío la emersión y reconstrucción de los lenguajes.

Veamos:

Lo anterior igualmente nos remite a la elaboración de una episteme del como conocer en forma amplia y adaptable; que siente las bases para la construcción de la episteme disciplinar que se pretende lograr. En este caso la episteme para conocer el mundo de los submarinistas, parafraseando a Heidegger, es indagar el cómo llegar a la cosa. Ahora, considerando la advertencia de Moreno, cuando indica que bajo el influjo de la episteme no se tiene contacto con las cosas mismas, sino con las cosas en la episteme, nos lleva a responder en términos de la posición de la construcción metódica, no como referente de contacto con las cosas, lo cual sería un ejercicio tautológico, sino con el cómo lograr ese contacto, de manera que la episteme recoja en su máxima cualidad la cosa en su categorización. Asunto este muy bien expresado por Moreno en la siguiente cita:

> Fija las orientaciones generales, los amplios espacios cognoscitivos, establece los límites infranqueables, las líneas de división entre el ser y no ser del conocimiento, los márgenes de los Amazonas y Orinocos del pensamiento, pero permite la amplia variedad de sus deltas donde innumerables caños se diferencian y diversifican en formas múltiples, se unen, y separan, se entrelazan, forman remansos y raudales, generan islas y vegetaciones sorprendentes, ofrecen, en suma, presencias irreductibles a la uniformidad para el que contempla su positividad" (p. 49).

La expresión previa presenta la antinomia donde lo único y lo diverso se entreveran, así en la búsqueda de los cimientos para la elaboración epistémica de la metódica, nos conduce a una posición que desde lo complejo (Morín, 1990), permite hacer uso de las diferentes posiciones investigativas o en palabras de Moreno de las diferentes formas de conocer, tomando en cuenta las particularidades de cada acto a conocer. Así se ha esbozado como resultado de la exegesis fruto del encuentro con el objeto intencional, unidades de análisis que presentan una diversidad amplia, que incluye lo personal, lo relacional, lo convivencial y lo cultural, signado por lo normativo militar, normativo técnico, lo particular cultural del submarinista y las diferencias sociales y académicas, y por tal motivo estas formas de conocer deben ofrecer una amplitud que permita responder a dicha complejidad, así, siguiendo a Moreno, la propuesta seria elaborar la espíteme que permita desde la diversidad de los "Deltas" develar la unicidad de sus aguas.

Los modos de conocer

Los modos de conocer, de acuerdo al estado del arte, nos guían de inmediato al paradigma humanista enfocado en la fenomenología y la hermenéutica, dado que estas ciencias poseen la virtud de no tener objeto disciplinar como referencia, por lo que no existe un juego de lenguaje predeterminado, por ejemplo: la matemática tiene los números o la biología la vida pero, la fenomenología y la hermenéutica no obedecen a los postulados de ninguna ciencia, su fuente esta en las realidades vividas, hechos y expresiones de los actores, esta independencia y amplitud es lo más cercano a una forma de librarse de cuerpos categoriales rígidos y reduccionistas, y por lo contrario abrir el panorama hacia el todo en su entera riqueza; ello ofrece el camino a la búsqueda o encuentro del sendero más adecuado para encontrase con la verdad.

La Fenomenología

Ferrater (1964), al conceptualizar la fenomenología, comienza por el sentido pre-husserliano de "fenomenología" y adopta la postura de Lambert, explicando que la fenomenología está destinada a distinguir entre la verdad y la apariencia, e indica que "La fenomenología" es pues, como el citado filósofo la define, la "ciencia de la apariencia", el fundamento de todo saber empírico" (p.645). De esta manera, se puede decir que se está ante algo cuya aprehensión se hace por medio de la experiencia obtenida por la aparición de éste, ante lo cual Kant (2006), al referirse a lo empírico, en cuanto a su captación, afirma que "el efecto que produce sobre la capacidad de representación un objeto por el que somos afectados se llama sensación" (p.65), y la intuición que nos refiere a dicho objeto por intermedio de una sensación se califica como empírica, de tal manera que el objeto indeterminado de una intuición empírica se le llama fenómeno, es por lo tanto el fenómeno (comunidad submarinista) que aparece como resultado de una intuición empírica que obliga a la indagación sobre su esencia.

De esta manera, señala López (2013), lo interior del fenómeno que corresponde a la sensación sería la materia del mismo y aquello que lo hace distintivo, la forma del fenómeno, siendo la forma captada a priori y la materia a posteriori. En este sentido, como primera aproximación se podría decir que las situaciones evidenciadas en el quehacer de los submarinistas representan las formas captadas a priori, mientras que las razones subyacentes del por qué de dichos acaecéres serían la materia a descubrir a posteriori como resultado de la investigación.

Por otra parte, Gabaldón (2007), agrega que la fenomenología constituye una lógica pura de los objetos ideales y de las significaciones basado en el idealismo platónico, que postula que los objetos ideales son atemporales e inespaciales (las esencias de la comunidad submarinista), mientras que el ser real está sujeto al aquí y al entonces, por tanto, es una ciencia a priori, es universal porque se ocupa de las esencias y de las vivencias en cuanto a acto psíquico e intencional (p. 221). De donde se puede inferir que las situaciones diarias que se dan en cada organización van a constituir las vivencias de cada integrante, quedando la interrogante de las esencias, dadas como particularidad de cada uno, que le permiten interpretar, dar respuestas y tomar decisiones de vida.

En este orden de ideas, Husserl (1997), señala que existen maneras de tomar posición ante la presencia del fenómeno, así, hay una actitud intelectual y una actitud natural, y hace especial énfasis en esta actitud natural, pues la misma no está preocupada por la crítica del conocimiento, es una posición instintiva a la que estamos vueltos de la manera en que se nos da el objeto (vi un submarino y decidí ser submarinista), (primera lección), no importa, la fuente y el grado de conocimiento, el fenómeno pasa por cosa obvia (p. 25), y en base a la simple apariencia reaccionamos. De esta manera, explica el autor que llegan a nosotros una serie de hechos determinados unos en base a la experiencia y motivos y otros al conocimiento y la intelectualidad, a veces congruentes, a veces contradictorios, y salimos de esto sopesando los motivos que hablan de las diversas posibilidades de determinación o explicación (p. 27). Por lo tanto, los motivos más fuertes se sobreponen y en base a ello damos explicación de lo observado, y así se repite dicho proceso en forma sucesiva (alguien dirá solo me llamo la atención, otros dirán que el prestigio u otros buscar mayores emociones).

No obstante, el autor arriba a la conjetura, que el conocimiento científico natural ofrece soluciones de manera puramente lógica según las cosas mismas, ya que se presenta una relación conocimiento, significación (que es la determinación dada en función de nuestra experiencia) y el objeto. Entonces, se da una correlación de la psicología del conocimiento, la lógica pura y la ontología, esta última catalogada como el problema más álgido en la posibilidad del conocimiento, aquí superando la actitud natural el asunto es situarse en la elaboración de un proceso lógico.

Siguiendo a Husserl (op. cit.), se tiene que el conocimiento es una vivencia psíquica, es conocimiento del sujeto que conoce (en una primera instancia conocimiento del investigador), ante lo cual se plantea la interrogante de ¿Cómo puede el conocimiento estar cierto de su adecuación?, y así poder trascender para ser fidedigno respecto del objeto. Pero, se plantea otra interrogante, respecto si verdaderamente los objetos están dados al cognoscente o sólo se puede decir "Yo existo", este yo existo estaría compuesto por la posibilidad de lenguajes de la construcción epistémica y todo no yo es puramente fenoménico, sería un aparecer sin significado, lo cual conduce a aceptar que el conocimiento es sólo conocimiento humano ligado a formas intelectuales humanas, incapaz de llegar a las cosas mismas (de allí el ejercicio de la narración de la historia de vida del investigador para tratar de identificar ese "yo existo").

El problema no queda allí, ahora ubicándonos en el campo de las ciencias humanas fuera del paradigma positivista, se encuentra otro factor como son las "manifestación del sentido del objeto mismo", pues, debemos tomar en cuenta que el fenómeno observado son manifestaciones de personas o agrupaciones sociales que inmiscuyen igualmente las formas metafísicas de éste, lo que quiere decir que el objeto también tiene voluntad y formas que lo trascienden más allá de su apariencia (aquí surge el uso de varios métodos y triangulación de investigadores).

Lo anterior como intención primera de esta esfera metafísica comprendida en el ámbito de estudio, permite ubicar a la fenomenología como un método o ciencia que trata de aclarar "la esencia de conocimiento y del objeto del conocimiento, referente de una actitud intelectual filosófica" (op. cit. p. 33). El asunto se complejiza así, la crítica del conocimiento, sostiene Husserl (segunda lección), parte de la premisa que debe haber un conocimiento primero ya previamente dado, lo cual es cierto, no partimos de la nada, siempre habrá una referencia, el asunto es indagar si hay o no elementos trascedentes que lo deforman, de lo contrario el conocimiento se cuestionaría a sí mismo quedándose sin referente.

Lo que refuerza la idea final del párrafo anterior, ahora prosigue el autor indicando que es necesario reflexionar en cuanto a cómo se presenta el conocimiento, en función de la trascendencia del fenómeno, de aquí la expresión de Husserl: "...el conocimiento lleva consigo un determinado problema, a saber y cómo es posible que obre ese alcanzar certero los objetos que se les atribuye; y, quizás, quiere también decir que yo incluso dudo de que ello sea posible" (p. 44), implica esto despreciar los fundamentos epistémicos prexistente, y aun tomándolos como punto de partida no atarnos a sus preceptos y oír al fenómeno, tener el tacto para saber cuándo se confirman o cuando surge lo nuevo, es saber si es inmanente y está poniéndonos en contacto con el objeto o como se diría en términos marineros cuando dar el toque de timón para ir hacia el norte verdadero.

Una situación enigmática resuelve el autor indicando que se da una trascendencia del conocimiento, esta trascendencia representa un camino que media entre el fenómeno y su esencia. Respecto de ello, señala el autor, que hay un doble sentido de esta trascendencia, por una parte, que el objeto no esté contenido como ingrediente en el acto de conocimiento, por lo tanto, la cosa que mienta la cogitatio (p.45), supuestamente no se halla en la misma como vivencia, al modo de fragmento, ingrediente, como algo que efectivamente existe en ella" (op. cit.), interpretándose que la apariencia que muestra el fenómeno no representa o no tiene relación con la cosa. Por lo tanto, no hay relación (no hay inmanencia), no obstante, se reitera que la manifestación fenoménica lleva consigo una esencia que no se puede negar, o sea, que la apariencia no pareciera guardar relación con su esencia, sin embargo siempre hay una esencia, y podría darse que estamos volcando todo nuestro yo sobre el fenómeno invisibilizando las esencias del mismo, lo cual debe ser visto con cuidado, pues algo genera la atracción quizás desde mi, esto por una parte, puede originar que el investigador atribuya características al objeto que este no tiene, pero son parecidas a las presentes en nosotros, por ejemplo la risa puede ser tomada como expresión de alegría o de burla, dependiendo de la percepción del observador, así la risa como inmanencia está presente en ambos, pero su trasfondo como burla o expresión de alegría puede que solo en uno de los dos y por lo tanto no está ingrediente, una cuidadosa revisión de esto, puede inclusive   permitir el autoconocimiento y ayudar a la realización de la epojé.

Igualmente, existe otro tipo de trascendencia cuando el objeto está dado de forma absoluta y clara, ofreciendo una evidencia inmediata, se resuelve el problema de conocimiento, y por último se da una trascendencia donde el conocimiento va más allá de lo dado, más allá de lo que a simple vista se puede captar, surgiendo la interrogante de cómo poner como existente algo que no está directamente dado en él, pero este ingrediente, y es el asunto de la indagación. Estas situaciones, agrega el autor, se dan sin orden al principio, previo a la reflexión gnoseológica, de tal manera que, la trascendencia en si se convierte en el principio del problema, entonces se puede decir que todo conocimiento que se nos presenta ha sido mediado previamente, pero por el hecho que es dado, es absolutamente seguro, siempre tendrá una esencia. Entonces, tras los actos vivenciales de los submarinistas están inmersos infinitos seres no explicitados en su episteme, ni en las simples apariencias, así como otros claros, al igual que otros aparentemente no vinculados a dichas relaciones.

Partiendo ahora de que el ser de las cogitationes o conocimiento mismo está fuera del enigma de la trascendencia, hay que considerar que dicha trascendencia, por lo tanto representa una esfera de datos absolutos, así, en cualquier sentido en que se interprete la inmanencia (p. 53), el acto de ver el objeto puro, implica que el objeto está dentro de la conciencia y el conocimiento, pero se hace entonces necesario afianzar el conocimiento por medio de la reducción gnoseológica, a fin de no confundir la existencia del cogitatio con la misma evidencia de su existencia o del sum cogitatio (cosa similar). De esta manera, es que se tiene que todo fenómeno puro psíquico por medio de la reducción fenomenológica que llevará a cero la trascendencia, ofrece el fenómeno puro o conocimiento, por lo tanto, aunque se perciba que el conocimiento está a la vista se hace necesaria la reflexión fenomenológica.

En este orden de ideas, teniendo como premisa la existencia de conocimientos obtenidos en forma inmediata o genérica conceptuándose como apriorísticos, entonces se establece el autor como una primera concepción de la fenomenología: "aquella que tiene que ver con las especies que se captan en la intuición genérica y con las situaciones objetivas apriorísticas que se constituyen como visibles de modo inmediato" (p. 64).

Pero reitera Husserl a tono con Kant que fenómeno es simplemente "lo que aparece" o se manifiesta a sí mismo en la conciencia, pero el fenómeno tal como es percibido inicialmente, no representa su verdadera realidad, su esencia. Los fenómenos necesitan ser purificados, aislados de todos aquellos factores que lo distorsionan, este proceso de ir eliminando estos factores lo llamó dicho autor reducción, que no es otra cosa que un procedimiento metodológico que permite acceder a las esencias y situarlas en el ámbito de la conciencia trascendental, que conduce a la fenomenología, que según Heidegger (2008, p.45), puede definirse como: "permitir ver lo que se muestra, tal como se muestra por sí mismo, efectivamente por sí mismo".

La hermenéutica

Desde su origen griego se toma hermenéutica fundamentalmente como interpretación tal como lo usa Platón en La República (2007), en términos de facultad para expresar pensamientos, de esta manera, Moreno (2008), siguiendo a Shleiermacher, hace énfasis en que el texto y entiéndase por texto, lo escrito, lo hablado y lo simbólico, no se expresa por sí sólo, dada la permanente posibilidad del mal entendido, lo cual remite a la búsqueda de una ciencia de donde emanen las reglas de interpretación que eviten este mal entendido, ante lo cual la hermenéutica tiene como tarea "rehacer el camino que ha seguido el autor del texto para llegar a elaborarlo y recorrerlo con él" (Moreno, 2008, p. 68). En este orden de ideas, se intenta recorrer el camino que han seguido los submarinistas para contarnos sus relatos para elaborar sus normas de convivencia escritas y no escritas (entiéndase desde la normativa administrativa, legal y convivencial).

Para Ricouer (2006), el problema hermenéutico se construyó previo a la fenomenología de Husserl, en estos términos se permite el autor hablar de un injerto al que llama injerto tardío de la Fenomenología en la Hermenéutica.

Ahora para hablar de Hermenéutica, más allá de tomarse como una técnica de especialistas (interpretes de oráculos, mitos, alegorías, pasajes religiosos y otros), se hace necesario a partir de Aristóteles, tomarlo como un discurso significante que interpreta la realidad en la medida que se dice algo de algo, ya que la enunciación es la captura de la realidad en términos de expresiones significantes y de ninguna manera un sustrato de impresiones presumidas que se derivan de las cosas mismas (Ricouer, 2006).

De esta manera, se tiene el concepto más originario que media entre la interpretación y la comprensión, llevando los problemas técnicos de la exegesis textual a ámbitos de la significación y el lenguaje, que busca tomando como referencia a Schleiermacher y Dilthey, indica Ricuoer, establecer una ley del encadenamiento interno del texto en lo atinente al medio ambiente geográfico, étnico, social y otros, pero tomando en cuenta que la interpretación simple de documentos es rebasada por la transición del mensaje de una vida psíquica a otra vida psíquica ajena, lo que coloca el problema hermenéutico en el plano de la psicología, ya que para un individuo comprender es transportarse a la vida del otro, lo que hace necesario en términos de esta comprensión del otro, una búsqueda de la estructura de recepción del otro en la fenomenología, desde donde se da el brote Hermenéutico (López, 2013). Es entonces la transición del mensaje de la vida psíquica de los submarinistas a la vida psíquica del investigador.

La hermenéutica fenomenológica

Tomando en cuenta la búsqueda de esta estructura de recepción del otro en la fenomenología, propone el autor Ricouer (op. cit), para fundar la hermenéutica, una ontología de la comprensión, derivada de la teoría Heideggeriana, que "se inscribe en la ontología del ser finito, y reconoce el comprender no ya como un modo de conocimiento sino como un modo de ser" (op. cit., p. 11), de donde se da el vinculo directo con el objeto de la investigación en cuanto a la temática del "Ser Ahí del submarinista venezolano", pero este enfoque heideggeriano lo llama Ricouer el camino corto, pues se queda en el modo de conducirse de un ente denominado el "El Ser Ahí", limitado por condiciones de historicidad, mundaneidad respecto del mundo que lo circunda y de una existenciaridad que se consume en cada acto, cada modo de ser, que es referido a su relación con otro ente en ese mundo circundante "un ente a la mano" que es útil en un momento dado "el aquí y el ahora" de cuya interacción se da un acto, según Heidegger (2008). No obstante, en la investigación se recorrieron los dos caminos, este corto, ya que el ahí de cada tripulante nos hablará de un modo de ser en cada situación, y el camino largo de lo histórico como se explicará en lo sucesivo.

Este ser que en su modo de ser le va su ser, entonces como tal deviene en su aparición, su ontología y en ella mismas su ser, catalogado por Heidegger (op. cit.), como preontológico y ontológico a la vez, es decir en el acto y solo en el acto emerge lo más originario del acto y de la manera de ser de ese ente, llamado por Heidegger el "el ser ahí", que es un modo de ser, así en la comprensión de sus actos "modo de ser", le va el ser a este ente, cuyo respuesta a cada situación, no es otra cosa que el resultado de cómo la ha interpretado, y esta interpretación lo hace reaccionar de una manera particular, que es este modo de ser, lo que implica que es un ser cuyo ser le va en el comprender. Pero, yendo más allá de Heidegger, acuña Ricouer (2006, p. 11), la pregunta: ¿cuáles son las condiciones necesarias para que un sujeto cognoscente pueda comprender un texto, o la historia misma?, interponiéndose a la interrogante de Heidegger: ¿qué es un ser cuyo ser consiste en comprender? Lo que nos coloca en un paso previo que es el cómo se llega a la comprensión, antes de comprender y por supuesto reaccionar "manifestar el modo de ser".

En este orden de ideas, el problema hermenéutico se convierte en una "región de la analítica de ese ser que existe al comprender", prosigue Ricouer indicando que la propuesta de Heiddeger, no es para nada despreciable, y en el caso que nos ocupa la comprensión de la situaciones que viven a diario los tripulantes de los submarinos, dejan al descubierto un ser en términos de la manera en que reaccionan ante cada situación, que no es más que su comprensión, sin embargo la idea es ir más allá de una epistemología de la interpretación, que asomaría un cierto cuerpo categorial a una ontología de los elementos de fondo que permiten la comprensión que no es excluyente en Heidegger, pero si más explícita en la propuesta de Ricouer. De esta forma reafirma Ricouer:

> El comprender se vuelve un aspecto del proyecto del Dasein y de su "apertura al ser". La cuestión de la verdad ya no es la cuestión del método, sino la de la manifestación del ser, para un ser cuya existencia consiste en la comprensión del ser (2006, p. 15).

Aquí nos encontramos superando aquello de la epistemología en busca de lo ontológico. Igualmente, lo anterior permite en primer lugar entender que el asunto consiste en lo que deje al descubierto el Dasein (Ser ahí) en su modo de ser, de esta manera, la verdad buscada estará en las maneras como se manifiesta este ser y este ser se manifiesta dejando al descubierto las formas de cómo comprende una situación, que no es más que la objetivación de la remisión que hace el Dasein de un ente en su mundo circundante, (todos los otros tripulantes, los objetos y documentación normativa, técnica, táctica y cultural), del ser a la mano y, esta comprensión cobra significación por medio del lenguaje, que emergerá como un modo de ser (fue justo en premiar a un subalterno, criterios para tomar una decisión táctica, resolver un conflicto de disciplina, etc.).

Por otro lado, sostiene el autor, que la intención de Heidegger se centró en reorientar nuestra manera de ver el problema de la búsqueda de la verdad fuera de la determinación de cualquier ente en particular, hacia lo ontológico, pero según Ricouer esta posición de Heidegger, deja de un lado lo histórico, ante lo cual propone el autor; partir de las "formas derivadas de la comprensión (los modos de ser), y mostrar en ella los signos de su derivación" (op. cit.), pero como ya se dijo la comprensión es ejercida en el plano del lenguaje, ya que solo una vez dada una significación al acto éste toma sentido y esta significación la da el lenguaje. Expresa así el autor.

> Para interrogarse por el ser primero hay que interrogase por el ese ser que es el "ahí" de todo ser, por el Dasein. Es decir, por ese ser que existe al modo de un comprender el ser. Comprender no es ya más entonces un modo de conocimiento, sino más bien un modo de ser, el modo de ser del ser que existe al comprender. (Ricouer, 2006, p. 13).

Aterrizar en esta solución no es inadecuado, pero deja el problema irresoluto, ya que, solo nos ofrece una analítica que no resuelve ningún caso en particular y no permite plantear una exegesis en la inteligencia de los textos y menos arbitrar en el conflicto de las interpretaciones. (op. cit.). Siendo nada despreciable la posición de Heidegger más bien el asunto se centra en buscar completar un camino ya iniciado por el mismo.

NOTA: En mi experiencia como investigador en mi primera tesis doctoral, sin haber leído a Ricouer me sucedió exactamente eso, aterrice en unas formas de conducirse del ser que investigaba, en ese caso el "el ser de la ética gerencial" (López, 2013), y de manera instintiva o jalonado por el fenómeno llegue al análisis del discurso para indagar sobre el significado de aquellos modos de ser que se manifestaban.

Prosigamos con el fragmento en cuestión:

En este sentido, el camino propuesto por el autor, plantea abordar el tema desde la pregunta ¿cuáles son las condiciones necesarias para que un sujeto cognoscente pueda comprender un texto, o la historia misma? (las historias de los submarinistas, la normativa que rige el ámbito laboral, etc.), que es retomada de tal manera que más allá de la comprensión de los textos, se busca determinar las condiciones requeridas para que el individuo cognoscente pueda comprender un texto o la historia misma, ello implica un abordaje semántico que persigue desde las formas sintácticas representadas en los escritos, historias, etc., hasta las semánticas, salir deliberadamente del circulo encantado del objeto y el sujeto e interrogarse por el ser.

En la búsqueda de hallar la forma de engranar elementos que le permitan dar consecución o completud a la propuesta de Heidegger, Ricouer se ve obligado a hurgar en los elementos que por decirlo así, dan origen al trabajo de Heidegger, (esto es claro, no es solo ver el modo de ser que manifiesta cada submarinista en sus actos, es además de ello, hurgar en por qué llegó allí), por tanto, indica el precitado autor que esta relación del ser y el comprender, nos retrotrae a la filosofía Diltheyriana en términos de la vida como concepto más importante, dado que ello implica una doble relación, la del hombre con la naturaleza y la del hombre con su propia historia derivado de una raíz común que es la "relación entre la vida y sus expresiones", encontramos entonces las relaciones entre la vida de los tripulantes de submarinos y la forma en que lo expresan.

Lo anteriormente indicado, conlleva a abordar al ser más originario del ser de la relación sujeto objeto de la teoría del conocimiento, esto conduce a la inferencia desde las significaciones que ofrece el lenguaje a la existencia de un ser raíz de este que se da en el acto de conocer, digamos cuando el sujeto conoce del objeto, el Dasein hace la remisión de un ente útil a la mano y más aún cuando el investigador hace del objeto un útil a la mano se da el acto del conocimiento. Sin embargo, la exegesis sigue jalonando la retrospección que lleva a estructurar un hilo conductor desde el positivismo, su cuestionamiento que coloca lo histórico como modo de superar lo físico (y aquí hablo de física clásica), adelantándonos, el cuestionamiento de Heidegger a una fenomenología platónica que pretendió llegar a las esencias puras del ser so pena de caer nuevamente en una posición positivista (primer Husserl), sale al paso Ricouer con las reflexiones del Husserl en su obra Crisis de la ciencias europeas (2008), que le permite enlazar su propuesta. Indica Ricouer:

> El problema ya no implica reforzar el conocimiento histórico ante el conocimiento frente al conocimiento físico, sino ahondar en el conocimiento científico, considerado en toda su generalidad, para alcanzar un vínculo del ser histórico con la totalidad del ser que sea más originario que la relación sujeto objeto de la teoría del conocimiento (op. cit.).

De esta manera, la solución a dicha propuesta, el encuentro con el vínculo histórico, la ofrece la fenomenología de Husserl en su concepción del mundo de la vida (Ideas, Investigaciones Lógicas, Meditaciones Cartesianas y Crisis), definida como: "una capa de experiencias anterior a la relación sujeto objeto", de aquí el objeto se convierte en un portador de intención con un campo de significaciones, esta intencionalidad entonces no es otra cosa que retrospección del mundo vivido del cognoscente, que lo lleva a una especie de reencuentro, que se convierte en un llamado del objeto. He aquí una pista en la retrospección del mundo vivido de quienes oyen el llamado del submarino, que se denomina el objeto intencional, ello superando la tendencia platónica de la intencionalidad del primer Husserl, desde el punto de vista del fracaso de la reducción del ser idealizado en un mundo de significaciones de Husserl, lleva ahora a descubrir un ser que posee como horizonte de todas sus intenciones un mundo, que es el mundo.

En este orden de ideas, el sujeto que tiene el objeto se deriva de la vida operante, la vida operante se comprende o ejerce su comprensión en el lenguaje, ello en términos de desplazar el comprender epistemológico al ser que comprende, hace necesario describir sin nexos epistemológicos al ser de la comprensión "el Dasein" (el ser de los submarinistas), y de este modo recuperar la comprensión como un modo de ser. Ello nos lleva nuevamente al lenguaje, y de esta manera partiendo del Dasein sustituir la vía corta que se queda en la analítica por la vía larga que nos conduce por el plano semántico (indagar más allá del modo de ser en el lenguaje de ese modo de ser). Expresa Ricouer:

> Toda comprensión óntica u ontológica, se expresa ante todo y desde siempre, en el lenguaje. Por tanto, no es vano buscar del lado de la semántica un eje de referencia para todo el conjunto del campo hermenéutico. La exegesis nos ha acostumbrado a la idea de que un texto tiene varios sentidos, que esos sentidos se imbrican el uno en el otro, que el sentido espiritual es "transferido" (los traslatas signa de San Agustín) del sentido histórico o literal, por exceso de sentido de este. (op. cit., p. 16).

Reafirma su posición el autor fundamentado en las afirmaciones de Schleiermacher y Dilthey, en términos de la reconstrucción del trayecto inverso de nuestras vidas que ofrecen los textos y escrituras, y más aún alude a Nietzsche, habida cuenta de la fuerza que ejercen estos contenidos en la formación y práctica de valores, así lo expresa el autor "la filosofía misma se convierte en una interpretación de interpretaciones" (p. 17). Igualmente, agrega desde Freud la práctica de desfigurar un sentido oculto, y someterlo a una distorsión que, así muestra y oculta el sentido latente en el sentido manifiesto, rastreado en las expresiones culturales, del arte de la moral y de la religión, de esta manera es lógico abordar este nudo semántico que presenta toda hermenéutica, tomando en cuenta un elemento común, hallado tanto en la exegesis como en el psicoanálisis, que comprende una arquitectura de sentido, denominada de doble sentido o sentido múltiple, cuyo objeto es mostrar ocultando.

De acuerdo a lo antes expuesto, las significaciones que deja al descubierto el Dasein y se expresa a través del lenguaje pueden ser abordadas teniendo en cuenta este nudo semántico. Permite esto inferir, que los modos de ser del Dasein ocultan raíces no evidentes en su emersión, y que sólo a través de una exegesis se podrá llegar a ella.

NOTA: Tal como me sucedió en mi primera tesis.

Prosigamos con el fragmento:

A tal efecto señala el autor: "Llamo símbolo a toda estructura de significación donde un sentido directo, primero y literal designa por añadidura otro sentido indirecto, secundario y figurado que sólo puede ser aprendido a través del primero." (p. 17); remite entonces la expresión previa a considerar que los modos de ser del Dasein, que se den en determinado momento, esconden una estructura de significaciones que lo hacen particular, diferenciándolo de otro Dasein y a la vez también mostrando las raíces comunes que puedan generarlos. Pero advierte Ricouer:

No hay simbolismo previo al hombre que habla, aún cuando el poder del símbolo tenga sus raíces más abajo. Es en el lenguaje donde el cosmos, el deseo, y el imaginario acceden a la expresión; siempre es necesaria una palabra para retomar el mundo y hacer que se convierta en hierofanía (op. cit.).

La idea del autor reside en sostener que sólo a través de la palabra que da significación a un acto, se puede tener conocimiento de dicho acto, acceder a sus cimientos, a su ser, así el asunto reiterativamente nos remite al lenguaje como portal que permite el acceso a todo ser que se manifiesta por medio de un fenómeno. De la misma manera, si bien el autor hace un esfuerzo por insertar la hermenéutica en la fenomenología, ya Heidegger hablaba de ella defendiéndola, de acuerdo a su estructura como palabra compuesta por fenómeno y logos, desde este enfoque en base al origen en griego de ambos vocablos como: "permitir ver lo que se muestra, por si mismo, efectivamente por sí mismo" (Heidegger, 2008, p.45).

Como ya se ha señalado, aclara este autor que hay una gran diferencia entre la fenomenología y por ejemplo la teología o biología, pues estas últimas refieren a su objeto de estudio, en cambio la fenomenología no designa a ningún objeto ni es un término que designe el contenido material de dicha ciencia, la palabra sólo se limita a cómo debe mostrar y tratarse lo que debe tratarse, asumiendo este concepto, Heidegger, lo toma como concepción que le permite el fundamento para acceder al ser desde el ente que se presenta como fenómeno, y de esta manera expresa:

¿Tiene que desformalizarse el concepto formal de fenómeno para convertirse en fenomenológico? y ¿cómo se diferencia éste del vulgar? ¿Qué es lo que la fenomenología debe "permitir ver? ¿Qué es lo que debe llamarse "fenómeno" en un señalado sentido? ¿Qué es lo que es por esencia tema necesario de un mostrar expresamente? Con evidencia a aquello que, regularmente y justo no se muestra, aquello que, al contrario de lo que inmediata y regularmente se muestra está oculto, pero que a la par es algo que permanece por esencia a lo que inmediata y regularmente se muestra, de tal suerte que constituye su sentido y fundamento (op. cit., p. 46).

En este orden de ideas, prosigue el autor indicando que fenómeno es sólo aquello que es ser, no obstante ser es siempre ser de un ente, lo que implica que el poner en libertad el ser, requiere hacer comparecer al ente en su forma justa, de la mano con Ricouer, entonces podemos decir que este ente comparece en forma de lenguaje, y que la fenomenología se define desde Heidegger como: "la ciencia del ser de los entes" (p. 48), por lo tanto, "Fenomenología del Ser Ahí es hermenéutica" (op. cit.), dada la imperiosa necesidad del proceso interpretativo que el mismo fenómeno origina.

Tenemos hasta aquí entrelazados a Heidegger y a Ricouer en un punto común, que es la imposibilidad de plantear la escinción de la fenomenología de la hermenéutica, solo queda aclarar los enfoques y estos están en una finitud que deviene en ofrecer una analítica por parte de Heidegger, que permite el acceso a un ser por medio de un ente temporario, cuyo producto se dispersa por decirlo así en posibilidades, y por parte de Ricouer de una continuidad en base al mundo en el que ha vivido desde lo documentado históricamente, el ente, que puede obtener las significaciones dadas por este ente a sus vivencias, desde las particularidades de su ser, como extensión de los símbolos ligústicos con que este otorga dichas significaciones y a partir de los cuales puede rastrease al ser que se oculta en lo mostrado.

Pasamos de un plano semántico que consagra la estructura de las expresiones dobles o múltiples, como puerta a un segundo plano reflexivo que nos lleva a buscar el vínculo entre la comprensión de los símbolos a la comprensión de sí mismos, lo cual nos da la posibilidad de reconocer un existente, que injerta la hermenéutica en la problemática del cogito, no obstante:

El cogito no es solo una verdad tan vana como irrefutable; es preciso agregar que, además, es como un lugar vacío que ha sido llenado desde siempre por un falso cogito. En efecto hemos aprendido de todas las disciplinas exegéticas, y del psicoanálisis en particular, que la conciencia pretendidamente inmediata es ante todo falsa "falsa conciencia" (Ricouer, 2006, p. 22).

Así prosigue el autor, indicando que la reflexión debe ser doblemente indirecta, dado que la existencia solo da testimonio de si en los documentos de la vida, y luego porque partiendo que la conciencia es falsa, primeramente, se precisa superar esta falsa conciencia por medio de una crítica correctiva.

Lo anterior conduce según Ricouer a una problemática de existencia, dado que solo existiendo en la cotidianidad de la vida desde la cual el hombre interpreta, de acuerdo al enfoque heideggeriano, se accede a la ontología que sustituye al modo de conocer por el modo de ser, pero Heidegger nos ofreció solo una pista, sin embargo volviendo al ciclo del circulo hermenéutico, una hermenéutica del lenguaje nos pone a la mano, más allá de lo que fuera otra vía y que plantea un conflicto de interpretaciones, una extensión interpretativa que logra entrelazar la hermenéutica y la fenomenología, y que reitera la ineluctable ligazón que refunda la hermenéutica fenomenológica.

Según lo anterior, se ve como desde una posición compleja se integra la fenomenología y la hermenéutica, para dar en primer lugar respuesta a las interrogantes sobre las características personales de los submarinistas en dos momentos, en sus momentos decisionales manifestados en su Dasein y en la búsqueda de significado a estas decisiones.

La hermenéutica y las relaciones

La exegesis previa dejó claro la inserción de la hermenéutica en la fenomenología, en términos de la superación del encuentro ontológico en el ser, cuyo ser se da en un modo de ser que se devela en el comprender, a la retrospección desde lo expresado por el ente de este ser en el lenguaje como el sendero marcado por su historicidad que recoge los actos vivenciales que se aperturan en ese modo de ser, de manera tal que los actos lingüísticos son medios que permiten la remisión mutua o una interintencionalidad que se da en el mundo circundante del submarino y que entonces más allá del comprender que manifiesta el Dasein en un modo de ser, el ser se encuentra en la interpretación o comprensión de lo expresado por medio del lenguaje.

Lo anteriormente indicado, nos remite una vez más a la hermenéutica, de esta manera, partiendo de la concepción de hermenéutica, Moreno (op. cit.), señala que: "la interpretación aparece así como el acto fundamental especifico del humano de entender, el cual, en cuanto a entendimiento interpretador, es en su última intención compresión, comprensión antropológica (y ello dice del sentido), de la realidad" (p.68), de aquí echa mano Moreno de Heidegger (2008), respecto a su obra "El Ser y el Tiempo" dada la postura de Heidegger, en cuanto al hombre en su manera propia de ser hermenéutica, dado que este es interpretativo de sí mismo y en cuanto a la apertura del horizonte del mundo.

De esta forma, se plantea la hermenéutica como la capacidad de interpretación del propio hombre y del mundo que lo circunda, y esta comprensión se hace visible por medio del lenguaje en el caso que nos ocupó, entonces, la comprensión de su sí como submarinista, del mundo circundante del submarino se constituye en una objetivación de la hermenéusis de sus interacciones.

Ahora plantea Moreno (op. cit.), la siguiente pregunta: ¿Cómo es posible la comprensión?, la repuesta viene precedida de la aclaratoria de que el problema de la hermenéutica "no es componer una perceptiva del comprender, ni tampoco investigar los fundamentos teóricos de las ciencias del espíritu, sino de admitir el compromiso que de hecho opera en toda comprensión" (p. 69), lo anteriormente expuesto remite a inferir que se habla al mencionar la palabra compromiso de un acuerdo, acerca del algo, de los acuerdos a que llegan aquellas personas que desean ser submarinistas y el grupo respecto de que reglas seguir, más aún prosigue Moreno de la mano con Heidegger, es el modo de ser del propio estar ahí, el ahí y el ahora que se da en cada interacción, tanto en una finitud como en una movilidad temporal.

Esta movilidad se inscribe en la historicidad y la temporareidad, al respecto también vale traer a colación los tres elementos que considera Heidegger; la historicidad y aquí nos remitimos a lo vivido por cada persona que siente el deseo de ser submarinista, antes de ingresar a dicho medio, por supuesto los sucesivos acaeceres luego de su ingreso, que esconde aquellas latencias que motivaron su accionar, ante lo cual vale aclarar que si bien Heidegger asume tomar en cuenta esta historicidad, Ricouer propone recorrerla teniendo como sendero el lenguaje.

El mundo circundante, representado por el contexto en el cual se da el accionar y de donde emergen aquellos entes que confluyen en el concepto de lo a la mano en términos de un elemento útil para conseguir el fin, que se manifiesta en ese comprender y en ese modo de ser en cuanto a la relación que se da, como puede ser ingresar a o permanecer en la fuerza submarina, el momento de la temporareidad donde se funden todos estos elementos para permitir la emersión de ese modo de ser fruto del ejercicio hermenéutico de la interacción. A tal efecto, expresa Moreno: La comprensión se sitúa, así, en una perspectiva histórica; en ella se fusionan dos horizontes, el que viene de la tradición, al que pertenece el interpretante y aquel en el que está, históricamente. (op. cit.).

En este orden de ideas, lo histórico y lo actual se fusionan en un momento, un ahora dentro de un contexto real, y bajo este precepto toma fuerza otra afirmación del autor en cuanto a la búsqueda de aquellas remanencias culturales e históricas que aunque fijadas en el inconsciente colectivo, (Jung, 1995), y por lo tanto antropológicas, que no son visibles por alienación u olvido y que son necesarias recuperar para nuestra comprensión, y que pueden ser rastreadas al descomponer e interrelacionar los fenómenos manifestados en los escritos, lo oral y lo simbólico, que permite la emersión de su lenguaje oculto.

De esta manera, el lenguaje es la manifestación del fenómeno y dicho lenguaje se estudia como información y de la interpretación se llega a la comprensión, no obstante advierte Moreno sobre la postura de Gadamer, en cuanto que para este último no hay distinción entre interpretar y comprender, a tal efecto para el caso de la investigación en curso nos transamos en interpretar para comprender, para llegar a esta interpretación se parte de la concepción hermenéutica básica de buscar el significado contextual, el significado textual y el significado intertextual (Padrón, 1998).

Por otra parte, agrega Moreno:

> De una u otra forma, la hermenéutica no se libera de la oposición sujeto-objeto. En unos casos se da preferencia al sujeto en otros al objeto, y en otros finalmente al encuentro del sujeto con el objeto, un encuentro que hay que producir. En último caso es el sujeto quien produce el encuentro. (2008, p.71).

Se podría decir que, se da un intercambio de roles o quizás que en una interacción hay dos sujetos y dos objetos, el que emite es sujeto que toma como objeto al receptor de su emisión, el receptor es sujeto que decide tomar como objeto de su atención a determinado emisor; tómese esto para lo escrito, lo oral y lo mediado por signos, en todo caso buscando el punto de encuentro hay algo que se mantiene y es "el encuentro", la interacción, asunto donde el ejercicio hermenéutico se enfoca en busca de la interpretación de la semiósis (Morris, 2003) de dicha interacción.

Así prosigue el autor indicando que, todo proceso hermenéutico comienza situándose en la huella de la relación, que no es otra cosa que la vida vivida en relación, en el caso de los submarinistas surgen muchas interrogantes, en el proceso de la atracción de que fue objeto, y empleo la palabra objeto, la persona que decidió ingresar a la fuerza submarina, realmente, esta persona fue objeto, como somos del marketing, así cobra fuerza que un contexto compuesto por objetos, como el submarino, aquel objeto negro en el muelle, las personas que entran y salen de él y hasta las historias y mitos ¿son sujetos?, parece que sí.

Pero siguiendo a Moreno y quizás superando su perspectiva, deberíamos cambiar o ampliar sujetos receptores y emisores y volviendo a Moreno dirigir la mirada como diría Ferrarotti a la interacción, la interacción que contiene a ambos. Se hace entonces preciso, mirar desde el submarino al aspirante y al miembro; y desde el miembro y el aspirante mirar al submarino, hombre y contexto, contexto y hombre en el marco temporal de la interacción, lo cual deja al descubierto un modo de ser que es el ser que se libera como, en palabras de Heidegger (2008) "lo a la mano" en cada interacción.

En este orden de ideas, para Moreno (p. 72), "la hermenéutica contemporánea parece guiada por un deseo de contemplar, deseo de ver, que intenta hacer visible lo que está más allá de lo inmediatamente visible".

Indica Moreno que, pensando desde la relación el individuo no es un dato primero, no es fruto de regla epistémica sino elaboración, dado que la relación está presente en todos los resquicios del discurso, sin ningún tipo de justificación, no obstante el individuo si requiere de ser justificado y para poderlo pensar alega Moreno (2008, p. 96), hay que recurrir a un "principiun individualitiones" implicando la entrada de los términos de   cantidad como elemento que introduce la distinción numérica de un individuo respecto a los demás, no obstante indica el autor que la cantidad no proviene por si misma   de   lo   cuantitativo,   dado   que   el   principiun individualitiones   está   pensado   desde   lo   cualitativo,   o representación   huella   epistémica   cualidad,   sino   que   está presente en cuanto individuaización.

En tal sentido, se tiene como principio de individuación aquel que hace posible o constituye a un individuo, un indivisible, una condición fuera de la cual se pierden los caracteres del grupo o especie a la que se pertenece, así, al perder las características como submarinista dejará de serlo, esta indivisión interna hace al individuo distinto de los demás, así el número que individuiza hace al integrante del escuadrón de   submarinos   diferentes   a   los   integrantes   de   otras comunidades de la Armada de Venezuela.

Sin embargo, indica el autor que el individuo se opone al

universal desde un punto de vista lógico, es individuo con sus diferencias, no obstante, el individuo está ordenado al universal, también es parte del universo (los submarinistas a nivel mundial y la cultura de venezolano a nivel local), orden este que nos va a permitir generalizar en cuanto a las características de los miembros de la comunidad submarinista. En tal sentido, señala el autor que la relación-ordenación, otorga el significado que tiene el objeto, ya que sujeto y objeto están ordenados mediante una relación que los constituye de manera intrínseca, he aquí la pista que nos lleva a la suposición cierta que mediante la observación de esta relación podremos llegar a los elementos no visibles que permiten la constitución de la comunidad submarinista.

Ampliando la idea previa define Moreno desde Sto. Tomas la relación como:

> ...en primer término como algo real: la creación no es mutación, sino la misma dependencia del ser creado respecto al principio que lo origina. Por tanto, pertenece al género de relación. Luego nada impide que se encuentre en el ser como en un sujeto (...). Está claro con todo, que, si la relación es una cierta creación, es algo real (...), ... (ob cit., p. 99).

La relación es una realidad como expresa Moreno, un acto que se da en una interacción sujeto-objeto, sin olvidar las perspectivas antes señaladas en cuanto a las diferentes consideraciones de las posiciones sujeto-objeto y la más aceptada posición respecto de la relación que determina la naturaleza de esta relación, así siguiendo a Heidegger (2008), estamos ante un ser que se da en la relación del " Ser Ahí", y aquellos entes diferentes a éste, que podríamos llamar el objeto, a tal efecto la realidad como relación que se da visibiliza un modo de ser, que se constituye en el ser de la relación que se entrevera con el ente diferente al "Ser Ahí", por medio de un ser a la mano, "Lo a la mano" que es resultado de la constitución de esta relación, así los modos de ser que se manifiestan en cada momento relacional que se da entre los tripulantes de los submarinos, viene a develar el ser de cada uno.

Retomando la búsqueda de la trascendencia que nos permita acceder al universal, el ser, que se manifiesta en el fenómeno, la exegesis previa ofrece el hilo conductor estructurado sobre los actos vivenciales desde Husserl, el ser cuyo ser va en comprenderse a sí mismo (el ser ahí), en términos heideggerianos de una única manifestación ontológica en el acto de modos ser de un ente que muestra su lado oculto en su modo de comprender, la conciliación de la hermenéutica y la fenomenología en una hermenéutica fenomenológica, sustentada en la manifestación lingüística como origen de todo conocer, por medio de la cual el Dasein se muestra en su modo de comprender, y la continuidad interpretativa de Ricouer de ir más allá de la analítica del modo de comprender a las condiciones interpretativas que llevan a este comprender desde un cognoscente que busca comprender un texto o la historia misma, y la hermenéutica de un acto relacional que se dan entre objeto y sujeto.

Todo lo anterior, centrado en la interacción, una interacción que puede darse desde la lectura del texto, la convivencia, los intercambios interpersonales, las expresiones, las denominaciones que demos a determinados actos, las expresiones culturales y otras, siempre significadas por el acto lingüístico, nos conducen a la conclusión de haber construido un camino metódico que se abre paso de manera inductiva desde las significaciones que se den en los actos relacionales, hasta, aguas arriba recorrer el entramado de una hermenéutica fenomenológica que nos lleva a poder acometer el asunto medular planteado por Ricouer de construir las condiciones interpretativas.

Las condiciones interpretativas entonces pasan por un

primer enfoque que comienza por la epojé, esta epojé dada la particularidad del observador de haber sido miembro de la comunidad por veinte años, está precedida por una carga contextual altamente influyente en su visión, por tal razón se presentó como novedad bajo la figura de una autobiografía sociológica (Corbeta, 2007), como eje introductorio de la investigación, lo cual tiene como objeto ofrecer una imagen al desnudo al lector de las estructuras noemáticas que observó el investigador en sus vivencias como las narraciones desde su perspectiva de estas vivencias que constituyen su estructura noésica y son punto de partida de la necesaria reducción fenomenológica, de esta manera ofrecer al lector los elementos de juicio que le permitirán aproximarse a la visión del autor, y hasta realizar ciertas comparaciones en torno a su manera de interpretar los datos obtenidos en el proceso de la investigación.

Igualmente, observando las características del fenómeno, (el mundo de los submarinistas), lo que representa una comunidad que supera lo laboral en un espacio convivencial con unas particularidades especiales, los espacios, los riesgos, lo militar, el encierro, la tecnología, el reto a las leyes de la naturaleza que podría decirse confluye en una cultura, un etno, ofrece un escenario investigativo objeto primeramente de la etnografía. De esta manera, lo anteriormente expresado conduce a un segundo escalón aguas abajo, que se inscribe en lo operativo de la metódica.

NOTA: Hasta acá se realizó un ejercicio desde la construcción de un dialogo entre diferentes autores para poder fundamentar el empleo de los métodos y su integración.

CAPÍTULO III

LAS VOCES DE LOS TRITONES
Los fundamentos epistemológicos de la metódica

NOTA: Ya fundamentada epistemológicamente la idea del empleo de los métodos, ahora en este paso se argumenta el cómo va a ser interrogado el objeto intencional, haciendo uso del recurso metafórico (Se toma metafóricamente el término tritónes para identificar a los submarinistas como súbditos del Rey de las profundidades marinas Neptuno), sustentado en la justificación práctica de cada método que emerge de acuerdo como se presenta el fenómeno, en este caso ya vimos una aparición desde la fenomenología y ahora desde la etnografía.

El etno y la etnografía

Desde su etimología "Etnografía" significa la descripción "graffé" del estilo de vida de un grupo de personas que se han habituado a vivir juntas, desde este punto de vista se observa que las habitualidades que han vivido, adquirido y comparten, las personas que han logrado una trayectoria exitosa en los submarinos, se pueden claramente conceptualizar dentro de un estilo de vida que lo sitúan en lo etnográfico, ante lo cual cabe la aseveración de Martínez (2007).

> Por lo tanto, etno, que sería la unidad de análisis del investigador, no solo podría ser una nación, un grupo lingüístico, una región o una comunidad, sino también, sino cualquier grupo humano cuyas relaciones estén reguladas por la costumbre o ciertos derechos y obligaciones recíprocos. Así una sociedad moderna, una familia, una institución educativa, un aula de clase, una fábrica, un hospital, una cárcel, un gremio obrero, etc., son unidades sociales que pueden ser estudiadas etnográficamente (p. 29).

Lo anteriormente expresado por el referido autor, entonces

confirma la visión en la presente investigación de la necesidad de enfocar la investigación desde lo etnográfico, la cultura de los Tritones, pues al igual que las agrupaciones a mencionadas en la cita previa, los submarinistas de la rmada de Venezuela, constituyen una comunidad, objeto de estudio de esta disciplina, no obstante vale aclarar que de acuerdo a como está diseñada la investigación hay segmentos de esta que serán consideradas desde otros enfoques que se encuentran, enlazan y solapan, pero que muestran su preeminencia en cada caso como ya se ha expuesto, constituyen el aporte transmetodológico de este trabajo.

Por otra parte, volviendo a la etnografía, este enfoque, continúa Martínez (op. cit.), se poya en una convicción de que los roles, las tradiciones, valores y normas del grupo en que se vive se internalizan a lo largo del tiempo por cada individuo, y fundan generalidades adecuadamente, ante lo cual expresa el autor:

> En cada efecto, los miembros de un grupo étnico, cultural o situacional, comparten una estructura lógica o de razonamiento que, por lo general, no es explicita, pero que se manifiesta en diferentes aspectos de su vida (p. 30).

La expresión previa más que confirmar, amplía el carácter etnográfico de este segmento de la investigación, su pertinencia en lo cultural a lo situacional dado que en el contexto de la cultura submarinista se dan múltiples situaciones que aluden a lo situacional, desde las ceremonias de bautizo para los nuevos integrantes, los momentos que se viven en los roles de combate, bien sea en ocasiones de prácticas donde la intensidad es máxima, cada quien pone lo mejor de sí para lograr el éxito en un determinado ejercicio, bien contra unidades nacionales o internacionales, donde el renombre y la reputación de la unidad son asunto por decirlo así "de vida o muerte" para cada tripulante y de prestigio profesional y personal para cada quien en su rol, y para la nación constituye una muestra de potencial bélico que se traduce en efecto disuasivo, o más aún en caso de posibilidades de enfrentamiento bélico, (lo viví, en el caso de la violación de nuestro mar territorial por un buque de guerra de un país vecino), o labores rutinarias de patrullaje en resguardo de nuestros espacios acuáticos.

Igualmente, en casos de soluciones de fallas importantes sobre todo durante navegaciones y en inmersión, situación en que muchas veces más allá de los responsables directos, se suman voluntarios, se modifican los periodos de guardias para aportar todo lo posible a la solución del problema, y en el más reciente hecho de la realización del mantenimiento mayor llevado a cabo por primera vez en Venezuela.

La internalización de los valores y normas son de la misma manera aprehendidos por los noveles tripulantes, se suman a la normativa militar ya sembrada en los centros de formación, así, valores y costumbres submarinistas son asumidos voluntariamente como requisito de la membrecía, entre otros la seguridad y cuido de la nave y de todos sus equipos, unas crecientes, ansias de conocimiento y dominio del sistema del cual constantemente alardean los tripulantes del submarino, el compañerismo, la competencia y un exacerbado sentido de la excelencia, búsqueda de solución a cualquier eventualidad, trato exigente pero humano y visión estratégica (el submarinista debe encontrar sentido a la oscuridad y silencio del ambiente subacuático), se constituyen en signos externos de aquel entramado sistémico que los integra como cultura.

En otro orden de ideas, prosigue Martínez indicando que el propósito inicial de todo enfoque etnográfico es "crear una imagen realista" (op. cit.), del grupo estudiado, por lo cual se hace adecuado para el caso en referencia, pero más allá y es una de las intenciones contribuir en la comprensión de comunidades más amplias, como podría ser el caso de otros sectores disciplinares como trabajadores de minas, plataformas petroleras, pilotos de aeronaves, etc.

Volviendo a la etnografía, esta puede considerarse tan antigua como el trabajo Heródoto (padre de la historia), dado que en muchas de las historia narradas, describe e interpreta las realidades no observadas desde la concepción de quienes la protagonizan, lo cual nos remite a las ciencias del comportamiento y por supuesto las ciencias sociales, lo que entonces conlleva al estudios de los procesos conscientes, (de donde se extrae por medio de los diferentes discursos la concepción aceptada por cada uno de su condición de submarinista), los de intencionalidad que alude a un trasfondo de esencias desde lo fenomenológico, elección y autodeterminación, los procesos creadores, los de autorrealización y toda aquella gama que vinculan las actitudes y sentimientos humanos; asunto que entonces justifica y jalona de manera complementaria, el método de las historias de vida, enfocado desde lo fenomenológico y como interpretación de una interacción entre quien habla y quién oye desde lo hermenéutico, generando como ya se ha indicado una visión transmetodológica llevada por la segmentación de la investigación (intencionalidad, membrecía-etnografía e historia de vida).

Desde este punto de vista, lo más llamativo es la interacción, ante lo cual afirma Martínez (2007), "la actividad de una parte es a la vez causa y efecto de la posición, estructura y función de cada uno de los otros constituyentes" (p. 31), de esta manera, se tiene que la estructura no es solo una determinada configuración física de ciertos elementos, sino la organización de dichos elementos con su dinámica y significado. Así prosigue el autor indicando que:

Cada constituyente de una estructura se altera al entrar en una conexión sistémica: cada parte al formar una nueva realidad, toma en si misma algo de las sustancias de las otras, cede algo de sí misma, y en definitiva queda modificada (op. cit.).

Así mismo, la afirmación previa nos remite a la conjetura que cada integrante de la comunidad de submarinistas de la Armada de Venezuela, una vez obtenida su membrecía, ha introducido sus características propias como persona, las ha integrado al sistema estructural de dicha cultura, pero a la vez, ha tomado elementos de esta estructura que dentro de la conformación personal ahora lo caracterizan como "submarinista de la Armada de Venezuela". Lo que de acuerdo a la experiencia de veinte años en este medio me parece acertado, ya que vi ingresar a muchas personas de quienes se decía una u otra cosa de su personalidad, pero que además ahora eran submarinistas, quienes implantaron sus políticas y hasta ciertas características en la organización, pero bajo el contexto de la cultura del arma submarina venezolana.

En este orden de ideas, el objeto o unidad de análisis de una investigación etnográfica, vendrá a ser "la nueva realidad que emerge de la interacción de las partes constituyentes, sería la búsqueda de esa estructura con su función y significado" (Martínez, 2007, p. 35). De esta manera, el entramado de relaciones que se da en la comunidad submarinista venezolana y ello nos retrotrae a Ferrarotti y reafirma el carácter complejo de la investigación en cuanto que estamos hablando de la "hermenéutica de una interacción" (1981, p. 33), eje central de las historias de vida (lo cual se ampliará posteriormente). Desde este punto de vista, se tiene que lo esencial de este sistema o estructura, así conceptuado es que puede crecer, diferenciarse progresivamente, reproducirse y autorregularse, conservando su red de relaciones aún cuando se den alteraciones, sustituciones y hasta eliminación de ciertas partes, es decir: "que manifiesten propiedades similares a las de los seres vivos"

(Martínez, op. cit.).

El significado preciso de estas interacciones se encuentra en las acciones humanas, cuya forma de abordaje implica ir más allá de los actos físicos, buscando su ubicación en el contexto especifico, este asunto obliga entonces a pensar en el caso del presente estudio en el contexto en el cual se desenvuelve la comunidad submarinista venezolana, incluyendo la cultura tecnológica en términos del origen especifico de la maquinaria, el submarino, el cual es de origen alemán, igualmente tomar en cuenta que los tripulantes tienen influencia en su formación de las fuerzas submarinas de USA, Perú, Argentina y Brasil. En este orden de ideas, Martínez coincide con Husserl, que hace énfasis en las realidades humanas que conforman un mundo especial, y las formas de ser, que específicamente tiene sus modos de darse, cuyos modos direccionan su método para ser conocidas.

Implica la idea previa que, un método no es nada que pueda traerse desde fuera, sino que es una forma que brota de la especial manera del dominio y las estructuras universales de esta, y es dependiente del conocimiento que haya de este dominio, por lo tanto, obliga la anterior afirmación a la construcción del método, tomando como orientación y premisa que debemos dirigir la mirada al entramado de interacciones que en este caso se da en la comunidad submarinista. Este dirigir la mirada conlleva entonces a buscar en cada integrante, sus razones, anhelos, satisfacciones, concepciones y otros elementos que afloran de su mirar dentro de la comunidad, oír las voces de los tritones.

Lo anteriormente expresado, conduce a la necesidad de mirar en lo individual y en el contexto, en el crono y en el kairos. El submarinista como aspirante llamado por una intencionalidad que esconde insondables latencias, no determinadas pero que lo llaman a ser submarinista, visto desde lo fenomenológico como mundo de la vida de cada quien, pero bajo la sombra etnográfica de una cultura nacional, el venezolano, un venezolano que guarda latente ese elemento que lo vincula a aquella nave de color negro, que es diferente al peruano, alemán, argentino, que igualmente siente el llamado, esta racionalidad lleva a la ilación de lo fenomenológico con lo etnográfico, esto último resalta ya cuando entramos al contexto cultural del submarino como etno y remite a la interpretación hermenéutica de la interacción en todas sus fases, desde las historias de las vidas de cada tripulante, y nos lleva a ver el submarino como comuna y cada integrante como unidad del sistema.

De la mano con Hussserl, Martínez (2007), alude a Ponti (1993), en cuanto a entender que las estructuras no pueden ser definidas en términos de realidad externa, sino más bien en términos de conocimiento, o sea en el conocimiento de una red de relaciones percibidas, ¿percibidas desde donde?, esta interrogante nos remite y justifica el por qué de exponer en primera instancia la mirada del investigador, que es al final el perceptor de los eventos y quien va a oír e interpretar a cada individuo y al contexto. Finalmente, este intercambio simbólico resultado de las interacciones que esta mediado por formas o métodos de interrelacionarse que ahora nos lleva a lo etnometodológico, formas de visibilizar sus actividades los tritones.

La etnometodología

Siguiendo el orden de las ideas previas indica Garfinkel (2006):

> Los estudios etnometodológicos analizan las actividades cotidianas como métodos que sus miembros usan para hacer que esas actividades sean racionalmente visibles y reportables para todos los efectos prácticos, es decir, «explicables» (*accountable*), *como organizaciones de actividades cotidianas corrientes. (p. 1).

De aquí se desprenden muchas aseveraciones o quizás conjeturas sobre cómo, entonces, los integrantes la comunidad submarinista se han integrado; ¿cuáles son esos métodos para comunicar de manera racional y visible el entramado de circunstancias valorativas que rige su proceder en cada instante? o como determinantes que mantienen la cohesión y son diferenciadores de otras.

Igualmente, podemos tomar como premisa que desde el enfoque etnometodológico se pueden hacer visibles estas estructuras, y siguiendo a Garfinkel, como guía para realizar el presente trabajo vale considerar ciertas ideas expresadas por dicho autor en la elaboración de su trabajo, entre las cuales se pueden citar:

> El presente trabajo se consagra a la tarea de aprender cómo las actividades concretas y ordinarias que realizan los miembros consisten en métodos para hacer analizables las acciones y las circunstancias prácticas, el conocimiento de sentido común de las estructuras sociales y el razonamiento sociológico práctico; y así mismo, este trabajo pretende descubrir las propiedades formales de las acciones prácticas ordinarias y de sentido común, desde «dentro» del escenario concreto, como continuas realizaciones de esos mismos escenarios (p.2).

Parafraseando la idea previa y traspolando a la investigación en curso, se puede decir que: el presente trabajo buscará aprender como las actividades concretas y ordinarias de la comunidad submarinista son métodos analizables para llegar a sus estructuras, habida cuenta que cada individuo al contar su historia, aportará indicios de cómo llegó a tal o cual conjetura para poder explicar su condición en la comunidad; serán entonces siguiendo el hilo conductor, Husserl, Martínez, Ferrarotti, Ponti, Garfinkel, que desde dentro del escenario concreto surja el conocimiento o se nos permita enlazarnos como cognoscentes con dicho etno.

Reitera Garfinkel (2006), el argumento central que se genera de estos estudios es que las actividades a partir de las cuales los miembros producen y manejan escenarios organizados de asuntos cotidianos, viéndolo desde la organización, desde la captación, selección y administración del personal (ascensos, reconocimientos, premios, castigos, asignación de cargos y responsabilidades), estructuras formales organizativas e informales permanentes y situacionales y desde el hombre comenzando por la intencionalidad, la adaptación y adquisición de membrecía, las satisfacciones e insatisfacciones, etc., tendrán una completa relación con los procedimientos por cuyo medio dichos miembros dan cuenta y hacen explicables esos escenarios. De esta manera prosigue el autor:

> Sus características racionales consisten en lo que los miembros hagan con, y hagan de, los relatos en las ocasiones concretas y socialmente organizadas de sus usos. Las explicaciones que dan los miembros están reflexiva y esencialmente vinculadas, en sus características racionales, a las ocasiones socialmente organizadas de sus usos, precisamente porque esas explicaciones son rasgos de las ocasiones socialmente organizadas de esos usos (p. 12).

Hablamos entonces del uso y forma en que expongan cada miembro el por qué de la escogencia del servicio en submarinos, por qué continúo y se adapto al medio o no, cómo ve a los otros miembros desde lo militar, desde lo humano, qué es para el ser "submarinista", bajo que parámetros se realiza la toma de decisiones y otras explicaciones que puedan hallarse en esta relación, cómo y desde que posición cada miembro cuenta anécdotas, interpreta situaciones, justifica o racionaliza acciones, interpreta y ejecuta la documentación que rige las actividades operacionales, tácticas, administrativas (personal, mantenimiento, etc.), y reiterando lo ya dicho, ¿cómo lo comunica?, esto quiere decir la forma en que por ejemplo un superior comunica los postulados de las tácticas de la guerra submarina a sus subordinados.

Este vínculo relacional representa el centro del estudio: "la posibilidad de explicar las acciones como un continuo logro práctico de los miembros" (Garfinkel, op. cit.); el logro práctico de las acciones de los miembros de la comunidad submarinista, que permite el mantenimiento de su identidad y que generan acciones que desbordan lo normado disciplinar y que se expresa de acuerdo al autor en:

1) La no satisfecha distinción programática y la posibilidad de sustitución de expresiones contextuales por expresiones objetivas (libres del contexto), las diferencias entre el ser y el deber ser, los hallazgos que superan resultados esperados de acuerdo a lo normado.

2) La reflexividad esencial "sin interés" de las explicaciones que se dan de las acciones prácticas; la interrogante sobre el por qué sucede de tal manera, las explicaciones que dan los submarinistas de sus vidas sin aludir alguna referencia teórica o técnica.

3) La posibilidad de analizar las acciones en contexto como logros prácticos. Lo que aluden como éxitos en su accionar, los buenos resultados obtenidos en el trato de personal, la toma de decisiones, la autogestión de la carrera, lo familiar, etc.

Continúa el autor:

Siempre que se trate de estudios de la acción práctica, la distinción y la posibilidad de sustitución sólo se logran para propósitos prácticos. Por lo tanto, se recomienda que el primer fenómeno problemático a tratar sea la reflexividad de las prácticas y de los logros de las ciencias como actividades organizadas de la vida cotidiana. En sí mismo esto constituye un fenómeno de reflexividad esencial (p. 15).

De acuerdo a lo afirmado por Garfinkel, podemos situar el estudio dentro de la acción práctica dada la peculiaridad de la actividad de los submarinistas, tanto desde el punto de vista laboral, como convivencial por la necesidad de permanecer largos periodos, hasta más de veinticuatro horas del día juntos y su traspolación al contexto familiar, e igualmente tal como se viene realizando llevar a cabo el proceso reflexivo sobre dicha situación viéndolo como una cotidianidad de aconteceres en la vida de dichos integrantes y la comunidad en sí, como resultado de actividades organizadas, tal como se observa en todos los procesos que involucra la conformación de dicha comunidad, desde la posición en la estructura organizativa militar, las Fuerzas Armadas venezolanas, la Armada de Venezuela, el escuadrón de submarinos, y por otra parte individualmente y culturalmente el venezolano, el submarinista, el submarinista venezolano.

Todas estas circunstancias confluyen desde lo organizacional, lo cultural y lo personal en un mundo de vida que se manifiesta a través de su accionar práctico, desde donde cada miembro en su cotidianidad deja emerger los porque que mantienen la dinámica de esta estructura, la comunidad submarinista venezolana.

No obstante, hace hincapié el autor en los peligros que se enfrentan de acuerdo a los resultados de su trabajo indicando que existe una reflexividad esencial carente de interés de las explicaciones, en palabras de Husserl, una actitud natural hacia lo obvio: "Jamás se investiga la acción práctica para explicar a los practicantes sus propios relatos acerca de lo que están haciendo." (p. 16), donde expone como ejemplo, que el personal del Centro para la Prevención de Suicidios de Los Ángeles encontró totalmente incongruente e irrelevante que se considerara importante el hecho de que estuvieran tan involucrados en el trabajo de certificar el modo de morir de personas que buscan suicidarse, en detrimento de que pudieran concertar sus esfuerzos para asegurar el reconocimiento inequívoco de lo que realmente aconteció, de acá se puede advertir sobre el riesgo de cómo investigadores centrar nuestra atención en lo aparente y olvidar la búsqueda de los porque, asunto de relevancia en términos de maneras de validación de la investigación.

En otro orden de ideas, se hace necesario cuando se habla de una comunidad, sus costumbres, valores y normas que de ello se desprenden, hablar de un orden moral, en cuanto a la etnometodología y lo moral es asunto resuelto por Garfinkel desde Kant, habida cuenta que este último señala que según Kant existe un orden moral interno y un orden moral externo. El orden moral interno constituía un misterio impresionante; pero para los sociólogos, el orden moral externo constituye un misterio técnico y he aquí donde se da el hilo conductor, ya que:

> Desde el punto de vista de la teoría sociológica, el orden moral consiste en las actividades de la vida cotidiana gobernadas de acuerdo a reglas. Los miembros de una sociedad encuentran y reconocen el orden moral como un curso de acción normalmente perceptible, compuesto por escenas familiares de asuntos cotidianos y por el mundo de la vida diaria reconocido y dado por sentado en común con otros (p.47).

Los miembros de determinada sociedad se refieren a este mundo como "los hechos naturales de la vida" (op. cit., p.47), que para estos son de principio a fin, los hechos morales de la vida, dado que no es sólo importante el hecho de que tales asuntos sean escenas familiares, sino que lo son porque es lo moralmente correcto o incorrecto, de esta manera las escenas familiares de actividades cotidianas, presentadas por los miembros como "hechos naturales de la vida" (op. cit.), forman hechos notables de la existencia diaria de los miembros, como mundo real y como producto de actividades en un mundo real, así se puede hablar de las actividades de un mundo real de los miembros de las unidades submarinas venezolanas.

Dichas escenas proveen lo "fijo, lo esto es así" (op. cit.) al cual nos remite a nuestro estado de vigilia, y se constituyen en los puntos de partida y de retorno para cada metamorfosis que pueda sufrir el mundo de la vida diaria llevada a cabo en "los juegos, los sueños, el trance, el teatro, la teorización científica o las ceremonias importantes" (op. cit., p. 47), o las diferentes actividades vividas desde cada individuo hasta el grupo en la cotidianidad de la vida en un submarino de la Armada de Venezuela.

Prosigue el autor indicando que, se da una comprensión común que en realidad no consiste en las demostraciones de conocimiento compartido de la estructura social, sino que está comprendida en su totalidad por el carácter impositivo de las acciones de acuerdo con las expectativas de la vida cotidiana como asunto moral, entonces esto permite aseverar que el conocimiento de sentido común de los hechos de la vida social, para los miembros de una sociedad, es el conocimiento institucionalizado del mundo real y ello conforma el orden moral del grupo.

Lo antes expuesto, se resume en que: "las características de la sociedad real son producidas por acuerdos motivados de personas con expectativas de trasfondo" (op. cit., p.66), y estas expectativas de trasfondo para el caso del presente estudio son las latencias que direccionan desde si a cada individuo a elegir, adaptarse exitosamente al mundo del submarinista, y aceptar el orden legítimo de creencias sobre la vida en la sociedad submarinista, vista desde dentro de esa sociedad. De esta manera, desde la perspectiva de la persona, sus compromisos con los acuerdos motivados se constituyen en un asimiento de y suscripción a los "hechos naturales de la vida en sociedad" (op. cit.).

Continúa el autor antes mencionado señalando que dichas consideraciones sugieren que, "mientras más firme sea la comprensión por parte de un miembro de la sociedad de lo que cualquiera como nosotros necesariamente sabe" (op. cit., p.67), más dura será su perturbación cuando sea objetada esa comprensión como representación de circunstancias reales, lo cual podría darnos razón de aquellos aspirantes a submarinista que por alguna motivación no pudieron lograr la membrecía o aún obtenida ésta, no culminaron su carrera en la fuerza submarina.

Ahora, envuelta en determinada racionalidad o la combinación que de ellas se dé, indica Garfinkel:

> La persona, al manejar los asuntos cotidianos, asume un esquema común de comunicación. El hombre en la vida diaria está formado respecto al sentido de los eventos por el uso de un trasfondo de presuposiciones sobre los «hechos naturales de la vida» que forman los puntos de vista que «cualquiera de nosotros» está obligado a conocer y a dar crédito. El uso de tales hechos naturales de la vida es una condición *bona fide* de membrecía en el grupo (2006, p. 308).

Lo anteriormente señalado implica que, entonces puede darse un manejo común de racionalidades que permite un uso de hechos naturales, como los eventos laborales y personales del acontecer en la vida del submarino, que otorga una diferenciación conductual respecto de otras agrupaciones y permite la condición de membrecía. En este orden de ideas, se habla que en el submarino se da entonces una cultura común, definida por Garfinkel (2006), de la siguiente manera: "La cultura común se refiere a las bases socialmente sancionadas de inferencia y acción que la gente usa en sus asuntos cotidianos y que asumen que los otros usan de la misma manera" (p. 91).

Ahora, afirma Garfinkel (op. cit.), que el descubrimiento de una cultura común consiste en el develamiento hecho desde dentro de la sociedad, por parte de científicos sociales, de la existencia del conocimiento de sentido común de las estructuras sociales. Asunto que toma relevancia en el caso de la particularidad de mi persona como investigador por mi membrecía del grupo.

Más aun volviendo a la propuesta metodológica de una inmersión inicial desde una autobiografía sociológica, la etnometodología pareciera jalonar este abordaje por decirlo así como un preámbulo que denominé "una mirada desde mi mirada", que implica dicha autobiografía sociológica de acuerdo a Corbetta (2007), asunto que pretende no solo lograr la epojé ampliada en el recorrido del mundo de la vida del investigador, sino decirle al lector quien está investigando, desde donde está mirando; lo cual se ve sustentado en la expresión:

> Hay innumerables situaciones durante el transcurso de la investigación sociológica en las cuales el investigador, ya se trate de un sociólogo profesional o de cualquier persona que investigue las estructuras sociales con el interés de gestionar sus asuntos cotidianos prácticos, puede asignar a las apariencias concretas el estatus de un evento de conducta sólo a través de la imputación de su propia biografía a esas apariencias. (Garfinkel, 2006, p.92).

Entonces, a través de esta imputación de la vida propia "una mirada desde mi mirada" se logra esta incorporación del conocimiento de las estructuras sociales a la vida propia, que es la del investigador, de tal manera que conciliando las afirmaciones de Garfinkel, la imprecisión de significados que pueda darse será resuelta mediante la asignación de sobreentendidos implícitos, que en primer lugar, otorga el investigador desde su mirada "una mirada desde mi mirada" y posteriormente se busca descubrir en los métodos con que se interrelacionan los miembros de la comunidad submarinista.

En este sentido, la segmentación de la investigación en una etapa de elección del servicio en submarinos, y una etapa de membrecía a una comunidad cultural como es el arma submarina, implicaron a su vez dos enfoques; uno desde la intencionalidad del elector que lo lleva a dicha escogencia, que se inscribe en un escenario de una hermenéutica fenomenológica, un enfoque etnográfico que permite abordar las particularidades de dicha cultura y lo etnometodológico que deja al descubierto los métodos de comunicación que dan sentido a la estructura del etno, fueron armando el entramado transcomplejo que admite la construcción transmetódica, que luego de haber sentado los cimientos epistemológicos, ahora surgen los prácticos, en un solo dejarse llevar, y lo escribí como investigador con grata sorpresa, a esta altura del discurso, tal como el adagio que todos los caminos conducen a Roma, acá todos los caminos condujeron a las historias vida.

Ahora, teniendo en cuenta que desde esta posición se logra hilar y ver la continuidad del mundo de la vida de quienes una vez seducidos por el submarino, deciden ingresar al servicio y dejar al descubierto los elementos atractores que motivan la búsqueda de la membrecía, y una vez aceptados como miembros desde una visión etnometodológica, lograr la develación del entramado que permite el accionar de dicha comunidad.

Como se observa, se fue construyendo en forma dinámica el sendero para llegar al ser de las cogitaciones, esta forma dinámica de la mano con Husserl y otros autores, fue el resultado de un interactuar continuo con el fenómeno, de manera que como resultado de cada interacción, se fue adecuando la forma de conocer a dicho ser hasta llegar a su encuentro. Estos resultados previos, nos mostraron desde donde abordarlo, lo que constituyó los cimientos epistemológicos en una construcción hermenéutica fenomenológica relacional, ello nos permitió determinar otro tramo que expuso a este ser en la práctica desde un enfoque etnometodológico, ahora como ya se indicó solo queda la operación procedimental que emerge como las historias de vida.

Las historias de vida

Según Ferraroti (1981) las historias de vida toman preponderancia dada la importancia del contexto económico, social, las autobiografías y lo cultural, en el que estas se insertan, en términos de:

> ...una teoría de la personalidad capaz de aportar los puntos de referencia esenciales para describir y comprender, en sentido propiamente hermenéutico, el complejo, intrincadísimo, conjunto de relaciones intercomunicantes entre la biografía de un individuo, las características de base de su personalidad - admitiendo que sea posible distinguir entre azar y necesidad – y el grupo familiar de origen, los otros grupos primarios a los que se las puede con mayor o menor estabilidad enlazar y finalmente el cuadro global de la sociedad más amplia, con su mundo normativo y sus estructuras institucionales... (p.14).

De lo anteriormente expuesto, se observa como inductivamente conociendo las particularidades de un individuo se puede tejer un camino que llevará desde lo individual hasta lo familiar, lo organizacional, y lo cultural, de donde vale hacer énfasis como punto de reflexión en los aspectos del mundo normativo que puede entenderse como valores morales y las estructuras institucionales que remiten a lo organizacional y lo cultural.

A tal efecto señala el autor que, el carácter de material privilegiado que representa la historia de vida en el análisis social depende básicamente del hecho que se trata de un esquema temporal, que implica un desenvolverse en el tiempo, y en este sentido indica:

> Su drama, su carácter de urgencia es directamente proporcional al sentido de penuria característico del viviente, que es escasez de tiempo. Ya ha sido observado: el tiempo en la vida es lo que determina toda situación. Un hombre es atraído hacia otro ser: lo ama, pero no es correspondido. Su sentimiento está atrasado o anticipado. Eso es todo existe el amor, pero para alguien, aquí, ahora, circunscrito. La historia de las emociones es la historia de los adverbios de tiempo. Más de las determinaciones temporales está la doctrina de los conceptos, no la vida. Las palabras sin significados, porque el significado está en función de la temporalidad (p. 15).

En este orden de ideas, se tiene la existencia de una necesidad de vida, la sucesión de determinadas fechas, de ciertos ritmos en cada biografía, que no permite retrocesos ni convalida arreglos. De esta manera indica el autor:

> Es necesario decidir. No se puede evadir semejante necesidad, entra como constitutiva de la estructura de la existencia, es responsable de la acción dramática que marca hasta las más mediocre, la más banal (en apariencia) historia de vida. La misma reflexión es esencia, repliegue, una mirada hacia atrás y hacia dentro, una perspectiva desde el punto de vista de la reminiscencia: una mirada a la mirada (op. cit.).

Puede entenderse entonces, de acuerdo al autor que por más simple o sencilla que sea una experiencia de vida, lleva consigo un sin número de significados que la entrelazan a su contexto, que cada acto de nuestras vidas está pleno de estos significados y que la forma en que miramos el mundo pone al relieve nuestra individualidad más profunda, por lo tanto, echando una mirada a la mirada del actor se podrá acceder a dichos significados. De esta forma agrega Ferrarotti:

Solo quien esté tan seguro del propio espacio histórico como para poderlo encarnar y convertirlo de conciencia refleja en poderoso instinto natural, puede sin pathos o incertidumbre poner en marcha las decisiones de las que nacen las nuevas fases históricas. En este sentido, pues, la historia es importante en cuanto memoria colectiva del pasado, conciencia crítica del presente y premisa operativa para el futuro (p. 18).

Así, prosigue éste indicando que la historia debes ser concebida como el resultado de la acumulación de las tramas y de redes de relaciones en las que se imbrican necesariamente, día a día, los grupos humanos, así como las personas que están destinadas a permanecer desconocidas, sin embargo, que constituyen en conjunto la sustancia o pulpa sociológica real del proceso social. Ello implica:

Historia de la cotidianidad, revelación e interpretación de las prácticas de vida y de las tradiciones, no revividas sentimentalmente como mero folklor popular, sino repensadas críticamente como visiones del mundo psicológicamente reaseguradoras y al mismo tiempo constelaciones de valores cognoscitivos entre sí y verificados por la experiencia de cada día (p. 20).

En este orden de ideas, se tiene que esta constelación de valores cognitivos y su verificación por el grupo nos lleva a la comprensión de las particularidades de diferentes comunidades, tal como se observa:

...trata de entender las situaciones políticas y sociales en los distintos tiempos y ambientes, el tenor de vida de las poblaciones y el volumen de los intercambios, los idealismos y las necesidades, las manifestaciones colectivas y la realidad cotidiana (op. cit.).

En este sentido, se tiene que las experiencias y valores
compartidos y además convividos se constituyen en trama de
vida y objeto privilegiado que emergen en las historias de vida,
así:

Cada vida humana se revela hasta en sus aspectos menos
generalizables como síntesis vertical de una historia social.
Todo comportamiento o acto individual aparece en sus
formas más singulares como síntesis horizontal de una
estructura social ... nuestros sistemas sociales está todo
entero en cada uno de nuestros actos, en cada uno de
nuestros sueños, de nuestros delirios, de nuestras obras, de
nuestros comportamientos, y la historia de este sistema está
por entero en la historia de nuestra vida individual (op. cit.,
p. 31).

La historia de nuestra vida individual se implica en lo social
"mediante una introyección sintética que lo desestructura y lo
reestructura confiriéndole al mismo tiempo formas
psicológicas" (op. cit., p. 31). De manera que, más allá de
reflejar lo social cada individuo se apropia de ello,
mediatizándolo, filtrándolo, y realizando una retraducción y
proyectándolo a otra dimensión de su subjetividad, no
obstante, no puede prescindir de ello, tampoco lo asume sobre
si pasivamente, más bien reinventa a cada instante, así, se
puede conocer lo social desde la especificad irreductible de
cada praxis individual.

De esta manera, indica el autor que: "El individuo vive y
conoce más o menos claramente su condición a través de su
pertenencia a grupos" (op. cit., p. 39), y lo define como grupo
primario, este grupo surge como el momento fundamental que
media entre lo social y lo individual, donde coexisten
indisolublemente la totalización del contexto social y la
"totalización que de esta totalización hacen individualmente
sus miembros" (op. cit., p. 39), en tal sentido hay que entender
al grupo primario como "la pulpa sociológica viva de los
aparatos institucionales más o menos formalmente

codificados" (op. cit., p. 45).

En este orden de ideas, prosigue Ferrarotti (op. cit.), se está ante una semiótica de las pasiones que pretende aclarar un saber espontaneo ya poseído por quien escucha o lee, (esto remite a ese mundo de la vida de Husserl y lo experienciado de Heidegger), desde una praxis anamnésica, donde las descripciones fenomenológicas "se confirman, apoyadas sobre los peligrosos protocolos del sentido común y buscan la verificación en la introspección y en el recuerdo, entre los materiales de lo cotidiano y de lo privado en vividos solitarios" (op.cit., p. 48). De esta manera advierte Ferrarotti en torno al papel del investigador:

> En toda entrevista biográfica se esconden tensiones, conflictos, jerarquías de poder, apela al carisma y al poder social de las instituciones científicas con respecto a las clases subordinadas, a la vez que despierta reacciones de autodefensa. Las formas y contenidos de un relato biográfico varían con el interlocutor (p. 33).

Por tal motivo, la presencia del entrevistador reviste asunto de cuidado, y remite a una necesaria epojé para minimizar la influencia de lo que él representa para el entrevistado, por lo que indica el autor que toda entrevista conlleva a la hermenéutica de una interacción. Lo anteriormente señalado, presenta dos aristas habida cuenta de este trabajo como una experiencia de investigación, una en cuanto a tener siempre presente la carga subjetiva de quien investiga, y dos en el caso particular la especial situación de haber sido parte de la comunidad por veinte años.

Ahora, situándonos en contexto en cuanto al mundo de los submarinistas, con el arribo a las historias de vida, se cierra el círculo epistémico que ofrece los cimientos de la investigación, pues posicionados en lo etnográfico y lo etnometodológico para abordar la manera de comprender la estructura y la relación de comunicación que da sentido a una manera de conducirse de un grupo en particular, las historias de vida nos ubican en las unidades de análisis que ahora las podemos definir como los tripulantes de los submarinos a quienes accederemos por medio de sus historias de vida.

Lo anteriormente expuesto, dio al trabajo los fundamentos epistemológicos de la metódica para oír las voces de los tritones, que permitió sustentar qué métodos integrar desde su modo de ser, sus significantes, su cultura y sus estructuras comunicativas en el tejido de sus historias de vida.

CAPÍTULO IV

EL DISEÑO ARQUITECTÓNICO PARA DIALOGAR CON EL SER
Los fundamentos procidementales

NOTA: En este capítulo, se expone lo que sería la metodología, dado que ya se tiene el lenguaje que serían los diferentes métodos. Veamos:

El abordaje de la investigación

En vista a lo expresado por Martínez (2004), quien sostiene que es recomendable iniciar toda investigación basada en el paradigma cualitativo bajo el enfoque fenomenológico, el presente trabajo se abordó desde el fenómeno que representa la particularidad del desarrollo de una carrera profesional en los submarinos de la Armada Venezolana, asunto que conlleva de acuerdo a Ricouer (2008), en términos del desenlace interpretativo en que deriva todo proceso de investigación a una hermenéusis, que en palabras de este autor, no es otra cosa que un proceso hermenéutico desde lo fenomenológico o una hermenéutica fenomenológica.

El paradigma de la investigación

Como se puede ver, desde el inicio de la construcción del discurso nos situamos en un paradigma humanista, sin embargo se hace necesario precisar en base a otras características como la complejidad y subjetividad vivencial de los actores, que la investigación conlleva a la obtención de la descripción del fenómeno desde las interpretaciones de los sujetos en sus acciones, así la alta presencia de elementos descriptivos ya mencionados en la discursiva previa, de no haber búsqueda de contrastes en esencia, ni de soluciones, sólo de una intención de permitir emerger los elementos que constituirán las nuevas construcciones teóricas, ubicó el trabajo dentro de un contexto fenomenológico, interpretativo, vivencial, naturalístico, comprensivo, hermenéutico sujeto-céntrico, (Rojas, 2010).

NOTA: No obstante, se reitera que como trabajo posterior a la tesis doctoral se aplicó una estrategia metodológica (Delgado de Smith, 2008), que permitió el enlace con el paradigma cuantitativo y por lo tanto nos ubicamos en una investigación de carácter mixta (Hernández, Fernández y Baptista, op. cit.).

Prosigamos:

El enfoque de la investigación

El enfoque de la investigación por su naturaleza es el etnográfico y etnometodológico, de acuerdo a Martínez (2007), dadas las características del grupo a estudiar. De acuerdo a lo antes expresado por el autor, nos encontramos ante un grupo humano constituidos por los tripulantes de los submarinos de la Armada Venezolana que claramente poseen las características antes mencionadas.

Igualmente, de acuerdo a Rojas (2010), los estudios etnográficos se estructuran desde lo fenomenológico, lo hermenéutico y lo lingüístico, por lo tanto como ya se ha explicado el abordaje desde lo fenomenológico realizado, guarda coherencia con el conducto del camino investigativo y de acuerdo a Gidden respecto a lo etnometodológico, se objetiva en la forma de comunicación del grupo (2000). Por lo cual, enfocados en lo fenomenológico, hermenéutico, la hermenéutica fenomenológica, lo etnográfico, lo etnometodológico y las historias de vida se descubre el lenguaje como fundamento común, que lleva a la revisión de todos los elementos que configuran el mundo de los submarinistas, sus historias narradas, la normativa legal, técnica y administrativa que rige la comunidad y las actividades cotidianas de los mismos, lo cual implica ahora la introducción del método a seguir.

NOTA: Así fue como se llevó para la consecución de la tesis y luego se hizo la integración de los paradigmas.

El método y el derrotero de las historias de vida

Por otro lado, dada la necesidad de abordar a los actores desde la narrativa de sus vidas en el arma submarina, conduce a afrontar la investigación como una historia de vida (aunque imbricados se encuentren los otros métodos ya señalados), tomando en cuenta la historia como memoria colectiva de acuerdo a Ferrarotti (1981),

ya que, según este autor, desde cada biografía se refleja la habitualidad de las relaciones sociales. Lo cual condujo desde las indagaciones de la vida de cada tripulante, a establecer elementos que permitieron realizar una construcción de las características intrínsecas y diferenciadoras, de esa sociedad llamada Arma Submarina. No obstante, hay que resaltar que volviendo a la narrativa donde se exponen los elementos que condujeron a la investigación, se está ante un acto intencional como reflejo del mundo de la vida del investigador (Husserl, 2007).

Por lo anteriormente expuesto, se presentó un hilvanar desde la autobiografía del autor, mi persona, hasta las biografías de aquellos involucrados por la atracción del mundo de la vida en el submarino, por reafirmación de la atracción manifestada en la consecución de su carrera. Por la ruptura, luego de la atracción inicial de aquellos que no concluyeron la carrera y la indiferencia de aquellos que no fueron objetos de la atracción, en este orden de ideas, siguiendo a Ferrarotti (op. cit.), las coincidencias y diferenciaciones nos dieron claras pistas de esta sociedad conformada por los tripulantes de los submarinos de la Armada Venezolana.

No obstante, es importante tomar en cuenta que no se realizó una exegesis de la totalidad de la biografía de los actores, si no del aspecto laboral, ya que de acuerdo a Ferraroti las historias de vida se dividen en: completas que recogen todas las etapas de la vida de los actores, tópicas que se refieren a una etapa, como en el caso en estudio que se investiga sobre la vida laboral de los tripulantes de los submarinos de la Armada Venezolana y las editadas que incluyen comentarios y explicaciones realizados por terceros. No obstante, queda la interrogante que otras cosas se hubiesen encontrado si hurgamos en la totalidad de la vida de los consultados.

Pero la especial situación de la investigación, llevada a cabo por quien estuvo formando parte de dicha comunidad más de veinte años, de acuerdo a Corbetta (2007), presenta una connotación particular, ya que por una parte, remite a la necesaria aplicación de la técnica de la observación participante como se explicara más adelante; y por otro lado, tomando en cuenta una serie de señalamientos que el autor realiza sobre diferentes investigaciones llevadas a cabo por investigadores que han formado parte de la comunidad estudiada, donde cabe señalar: "cuando el investigador pretende estudiar una realidad de la que el mismo ha formado o forma parte, da lugar a lo que se ha denominado sociología autobiográfica" (p.308). Lo anterior dejaría el estudio en la biografía personal del autor, entonces se pretendió hacer uso de esta tipología para presentar una autobiografía como parte de la investigación con el objeto de mostrar al lector la posición del investigador ante el fenómeno.

A tal efecto, se buscó desde lo personal del investigador, mi persona, incursionar en las historias de los tripulantes de los submarinos, donde el mundo de cada hombre aportará los elementos históricos de sus vivencias y modo de construir su realidad ante lo cual indica Tovar:

Al ubicar a ese ser humano, concreto, que está en el mundo y que ha pasado por periodos históricos, a través de los cuales ha emprendido grandes luchas para interaccionar con su naturaleza, y asumir su realidad humana, social, cultural, económica, su progreso, se puede abordar el conocimiento desde las diferentes ramas del saber (biológica, lingüística, cultural, social, histórica, económica, religiosa), para poder profundizar en las relaciones entre el hombre, la sociedad, la vida y el mundo en el proceso de investigación, donde se asume la comprensión del hombre en interacción con el mundo y a través de la multidimensionalidad, ya que el ser humano, es a la vez biológico, psicológico, social, cultural, afectivo; igual la sociedad, la cual capta dimensiones históricas, económicas, políticas y religiosas (2012, p. 16).

El derrotero de las historias de vida

Tomando en cuenta que cada investigación reclama de aplicaciones metodológicas diferentes en general el trabajo en su fase de tesis doctoral se llevó a cabo siguiendo a Rojas (2010), quien propone los siguientes pasos:

Selección de cuestionamientos susceptibles de ser respondidas desde las historias de vida, lo cual se hizo con la selección de la situación laboral y vivencial de los tripulantes de los submarinos, y desde las interrogantes de la investigación.

Seleccionar el o los sujetos y determinar la forma de desarrollar la historia de vida, asuntos resueltos en cuanto a escogencia de los tripulantes de los submarinos y otros actores como unidades de análisis y el desarrollo de la historia de vida por medio de las entrevistas, observación y revisión documental a que dio lugar.

Recabar la información acerca de las experiencias de vida por medio de entrevistas, revisión de documentos públicos y privados (se revisó la documentación administrativa, técnica y operativa).

Presentar a los sujetos las transcripciones para su revisión, interpretación y aprobación (cuando corresponda), en este sentido las entrevistas fueron filmadas y se dejo evidencia de las opiniones.

Analizar estos reportes en términos de su validez interna, criticismo interno, validez externa, criticismo externo y/o triangulación de fuentes (se contrasto la información con investigadores externos y opinión de expertos internacionales) e incorporación de los criterios de validez del Paradigma Emergente (Martínez, 2007).

Reestructurar el informe de acuerdo a las opiniones del sujeto y desarrollar el informe final para la construcción de la teoría y subsecuentes investigaciones (forma del desarrollo que se presentará en adelante).

El plan de acción y la teorización

El plan de acción constituye el diseño de cómo realizar la investigación, que según Ballestrini (1998, p. 118), se define como "el plan global de investigación que integra de un modo coherente y adecuadamente correcto, técnicas de recogida de datos a utilizar, análisis previsto y objetivos". El diseño de una investigación intenta ofrecer respuesta de una manera clara y no ambigua a las interrogantes planteadas en la misma.

Señala la autora, que el diseño de la investigación depende de los objetivos establecidos en el estudio, y tomando como premisa la tipología de los datos que se necesitan recolectar, se clasifican en diseños bibliográficos y diseños de campo, éstos últimos se subdividen en experimentales y lo no experimentales. En este sentido señala Ballestrini (1998, p. 119).

Estos diseños permiten, establecer una interacción entre los objetivos y la realidad de la situación de campo; observar y recolectar los datos directamente de la realidad, en su situación natural, profundizar en los hallazgos realizados en la aplicación de los instrumentos; y proporcionarle al investigador una lectura de la realidad objeto de estudio más rica en cuanto al conocimiento de la misma.

En este orden de ideas, la investigación se realizó con base a un diseño de campo y documental, dado que la información se obtuvo de las personas que integran las tripulaciones de los submarinos, los eventos observados de su cotidianidad en cuanto a la manera de hacer su trabajo y comunicarse, y no experimental, dado que se estudió la realidad sin ser modificada, apoyado en una revisión documental, dada la necesaria revisión de la normativa que rige su actividad.

NOTA: Para la fase cuantitativa el diseño fue de campo, ya que se obtuvo la información de fuentes primarias constituida por los integrantes de la comunidad en cuestión.

Prosigamos:

Protocolos técnicos para la captura de datos

La captura de datos se llevó a cabo mediante la aplicación de la técnicas de la observación participante, que implicó el uso de instrumentos, como la guía de entrevista, la guía de observación y la guía de revisión documental. Y de acuerdo a la propuesta se inició la investigación con la autobiografía del autor (mi persona) donde se expuso el mundo de la vida y vivencias del mismo.

La observación participante se realizó mediante interacción con los informantes en la búsqueda de obtener de ellos las vivencias que organizan su mundo según Goetz y LeCompte (1988). A tal efecto indica Corbetta (2007):

> La observación participante no es el único instrumento usado por el investigador. El observador participante debe observar, escuchar y preguntar y al preguntar, los instrumentos que emplea son los de la entrevista. Al mismo tiempo debe documentarse sobre los hechos que suceden y los sucedidos en el pasado, examinar el material documental existente sobre la comunidad que estudia y el que esta produce (relatos históricos, autobiografías, cartas, actas, informes, artículos de periódicos, etc.) y para hacerlo utiliza los instrumentos del análisis documental (p. 307).

Como se puede observar, la amplitud que otorga el autor a la técnica de la observación participante permitió cubrir el abanico de elementos generadores de datos, que se pueden encontrar en el ámbito del escenario convivencial de los tripulantes de los submarinos venezolanos.

Y al preguntar se empleó como instrumento la entrevista, de acuerdo a Goetz y Le Compte (1988, p. 134), denominada entrevista a informantes claves, porque los informantes claves son individuos en posesión de conocimientos, que están dispuestos a cooperar con el investigador. Por lo cual, se utilizó este tipo de instrumento, del tipo semiestructurada, motivado a que aunque contiene interrogantes, de acuerdo a la dinámica de la interacción se permitió complementar con otras preguntas o aclarar (Bisquerra, 1997, p. 103), vale acotar:

¿Y por que la observación participante?, Acordémonos que la manifestación fenoménica nos mostró un rostro de quien quiere ser submarinista, de quien se desenvuelve en un submarino, (fenomenología), pero también la cultura de la comunidad submarinista, una comunidad con una cultura particular (la graffe del etno), adicionalmente el fenómeno se presentó en modo de formas de comunicación que

ASÍ HICE MI TESIS DOCTORAL

estructuraban un complexus de relaciones (ectonometodología), luego en la búsqueda de rastrear dichas manifestaciones las biografías fueron el aparecer de facto (las historias de vida), a tal efecto Corbetta (op. cit.), siguiendo a Jorgensen señala que una de las situaciones en que se emplea esta técnica es: "Cuando existen grandes diferencias entre lo percibido, el punto de vista externo y el punto de vista interno (grupos étnicos, organizaciones sindicales, grupos profesionales, como médicos, abogados, etc." (p. 307).

Igualmente, las historias de vida vistas como método de acuerdo a Ferrarotti, que implica la observación, la revisión documental y la interacción con los informantes, satisface sus requerimiento de información de manera integral a través la observación participante, así se obtendrán rastros de intencionalidad, cultura y formas de comunicar que ofrecerán la pulpa para la acción interpretativa (hermenéutica).

De lo antes sostenido por el autor, los tripulantes de submarinos como grupo profesional se inscriben en objeto de estudio de la técnica de la observación participante.

NOTA: En la fase cuantitativa la técnica fue la encuesta y el instrumento el cuestionario tipo escala de Likert. Como muestra se tomó la población en su totalidad.

Prosigamos:

Protocolos técnicos para el procesamiento, análisis e interpretación de datos

Tomando en cuenta lo expresado por Martínez (2004), en consonancia con (Coffey, 2003), los datos fueron procesados mediante la técnica del análisis del discurso, a través de las tareas de codificación, categorización, estructuración, contrastación, teorización y evaluación de las teorías formuladas, lo cual se realizó utilizando el paquete de software para análisis de datos cualitativos denominado Atlas ti, el cual constituye una herramienta de apoyo para esta actividad. Puede emplearse otra herramienta o hacerse por el modo tradicional.

El Análisis del Discurso como Técnica de Interpretación

Dada que la naturaleza de la investigación y de la mano con Ricouer, es pertinente traer a colación la postura de Padrón (1996), quien indica que para analizar las estructuras lingüísticas se hace necesarios elementos que permitan hacer una exegesis de las interacciones o hechos sociales que exponen los autores en el texto. En tal sentido, para el análisis de las entrevistas una vez transcritas y aprobadas por los entrevistados se empleó dicho enfoque. Estos elementos son:

Componente Pragmático: Este componente da cuenta de las relaciones contextuales que direccionan la interacción comunicativa, y por lo tanto la "generación de textos" (Padrón, 1996, p. 94), como fruto de una situación socio-espacio-temporal, en virtud de una red presuposicional respecto de unas convenciones e intenciones de acción, derivados del contexto social de los autores, que se originan en el cuerpo categorial dominado por dichos autores o de orden epistémicos.

En tal sentido, los eventos textuales se definen en términos de objetivos, propósitos o funciones de la acción, donde se dan niveles de intención como son: resaltar las necesidades, resaltar las ventajas y relacionar las necesidades con las ventajas, pudiéndose dar derivaciones parciales o microactos dentro de cada nivel de intención. Así de esta manera, en la deconstrucción que se realizó de las estructuras discursivas de los actores emergieron, una serie de elementos categoriales ligados a las relaciones contextuales que evidenciaron los actores, que fueron a constituir piezas fundamentales en la construcción posterior del cuerpo categorial definitivo del trabajo, aunados a los demás componentes interpretativos que se mencionan a continuación.

Componente Semántico: Este componente explica las interrelaciones de modelación-interpretación, con arreglo a las redes representacionales preexistentes, que parten del acto inicial de la comunicación en base a un marco conceptual preestablecido y común entre los actuantes, pero que luego es modelado por estos, y posteriormente interpretados por esta modelación, donde puede darse intercambios continuos de roles, e igualmente existen niveles que van desde estructuras muy amplias o macro, pasando por lo meso y lo micro, no sin dejar en ningún momento de perderse la relación entre dichos niveles y que se inscriben entonces en lo macro, meso y micro significados.

En este orden de ideas, de acuerdo a Ricouer (2006), serían aquellas estructuras no explicitas en el símbolo, dadas la heterogeneidad de las posiciones interpretativas, pero accesibles desde este. En este sentido, se fueron extrayendo con apoyo de la herramienta Atlas ti, una serie de elementos que fueron codificados y categorizados de acuerdo a criterios de su densidad e interrelación, que junto a los elementos pragmáticos permitieron unas construcciones más amplias, como se verá en los capítulos posteriores. Se habla acá de aquellas estructuras no explicitas en la composición escrita o expresado de otra manera "lo dicho entre líneas".

Componente Sintáctico: Se ocupa de las interrelaciones de encodificación-decodificación con referencia a un sistema de signos o lenguaje, lo cual, pasando por las diferentes formas simbólicas, que, referenciados en la producción de textos, donde al igual que los componentes previos comprende niveles que van desde capítulos, secciones, párrafos, frases, palabras y figuras literarias, para el caso que nos ocupa se hizo hincapié en las frases, las palabras y las figuras literarias. De igual manera, se realizó un trabajo de identificación de patrones en las construcciones sintácticas de los actores en torno a significaciones y figuras literarias usadas, por jemplo "en un submarino hay espacio para todo menos para cometer errores" o "la pasión".

Componente Físico: Este componente emerge con arreglo a la interacción transmisión-recepción en términos de los medios físicos empleados para la materialización del acto, lo cual permite conceptuar tanto al medio físico, como las potencialidades materiales al soporte o vehículo perceptual, en términos de la condiciones de lenguaje, en referencia al cómo, de donde se logra la adecuación emisor perceptor del mensaje, en que lo importante es la consideración de la instancia de mediación entre el envío y el recibo de los insumos de la interacción, en función de lo cual se definieron estos medios como las narrativas de los actores, las formas de realizar las labores y de comportarse en la cotidianidad y el contenido de la normativa (este constructo permitió integrar a las narrativas, las actividades observadas y contenido de la documentación revisada).

Codificación, Categorización y Teorización

El proceso de investigación lleva al investigador a organizar, manipular y recuperar los segmentos más significativos de los datos tratados, por lo cual esta tarea se siguió de acuerdo a Coffey y Atkinson (2003), asignándole etiquetas, tales como nombres o conceptos de acuerdo a la particularidad del código los cuales fueron analizados, contrastados y establecidas sus relaciones. Lo que dio origen luego de este análisis a una conceptualización previa, que permitió la construcción de las categorías correspondientes. Posteriormente, de igual manera con las categorías encontradas se procedió a la construcción y conceptualización de los núcleos categoriales, que fueron sometidos a una primera contrastación teórica en busca de elementos que pudieran sustentar una estructura epistémica previa a la construcción teórica respectiva. Lo antes expuesto se fundamenta en forma resumida en la expresión:

La codificación vincula todos los fragmentos de los datos a una idea de concepto particular...tales conceptos a su vez se relacionan unos con otros. Los códigos, las categorías de los datos y los conceptos, se relacionan estrechamente entre sí. El trabajo analítico importante radica en establecer estos vínculos y pensar en ellos (p. 32).

El proceso de codificación de los datos se realizó con el apoyo de la herramienta computarizada Altas ti, la cual permitió agilizar la organización de los códigos, sus relaciones y posterior construcción a partir de estas relaciones de su conceptualización previa y estructuración en familias que dieron origen a las categorías respectivas. Nótese que la utilidad de la herramienta se circunscribe a la organización no sustituyendo en ningún momento el trabajo analítico del investigador. De la misma manera la construcción de los núcleos categoriales fue fruto del análisis relacional del cuerpo categorial y los referentes teóricos y filosóficos que los sustentaron, la posterior teorización como producto final se obtuvo como resultado de la contrastación, validación, y complementación filosófica de los núcleos categoriales, cuya arquitectura constituyó entonces la construcción teórica propuesta.

Procedimiento para la Categorización, Estructuración, Contrastación y Teorización

Categorización: De acuerdo a lo estipulado por Martínez (2004), se contemplan los siguientes pasos.

1. Transcribir la información protocolar, este paso se realizó transcribiendo las entrevistas, lo observado y

los registros revisados, luego cargando dichos textos en el formato de Atlas ti, el cual ya tiene prefigurada la división de la página para la codificación y categorización, así como disponibilidad en su menú para los comentarios a que diera lugar el proceso, lo cual se llevó a cabo en la investigación, creando memos que luego fueron analizados.

2. Dividir los contenidos en unidades temáticas, primeros intentos de otorgar denominación a los códigos, esto se realizó extrayendo párrafos significativos que dieron lugar a conceptualizaciones posteriores.

3. Categorizar: En este punto se procedió de acuerdo a Coffey y Atkinson (op. cit.), a establecer los códigos, pero con la novedad que la determinación de cada código se sustentó en un análisis cruzado que comprendió: explicar el por qué de su elección, cantidad de apariciones literales y entre líneas, cantidad de relaciones con otros códigos y tipo de relaciones *(igualdad, dependencia, influencia y oposición), ello genero su definición inicial, y posteriormente como ya se indicó las categorías que se dieron de su tratamiento.

4. Se procedió luego de esta categorización a la incorporación de estas categorías a categorías más amplias denominadas núcleos categoriales.

Estructuración: La estructuración de acuerdo a Martínez (2004), puede llegar a tres niveles, donde el alcance de cualquiera de ellos, puede catalogarse como una investigación concluida, no obstante la presente investigación logró combinar los tres niveles tal como se especifica a continuación:

Para la estructuración de códigos y categorías se emplearon los criterios de dependencia, en cuanto a la dependencia de un elemento de otro, la influencia de un elemento sobre otro, la igualdad de un elemento con otro, la contradicción entre elementos y la saturación, lo que permitió una primera conceptualización sin intervención de referentes teóricos preestablecidos (basado en el proceso explicado en el párrafo 3 del aparte anterior), más que los mismos derivados del empleo conceptual de los autores de ciertos términos que emergieron como construcciones explicativas, obteniendo una primera descripción que alcanzó el "nivel normal" (Martínez, 2007. p. 274), por tratarse de ideas surgidas de los contenidos analizados y que permitieron llegar a ciertas conclusiones iniciales.

Desde el enfoque anterior, al ampliarse las conclusiones de los contenidos relacionales antes nombrados se llegó a inferencias desde el interno de los hallazgos, que permitieron dar origen a categorías definidas desde los elementos extraídos de la revisión y actividad de estudio de las relaciones de los códigos, su densidad simbólica, como fruto de los casos de saturación y construcción de redes, con lo cual se alcanzó el nivel denominado por el autor "Endógeno" y el trabajo de contrastación que se explica a continuación.

Un segundo nivel es la contratación de los hallazgos con referentes teóricos, es como buscar si hay alguna explicación previa, aquí se tomó en cuenta tanto los referentes teóricos que prefiguraron la investigación, los trabajos referidos como antecedentes que permitieron contrastar los aspectos filosóficos del abordaje, los organizacionales y lo humano, con los elementos del mismo orden que surgieron en los hallazgos, al igual que los aspectos epistémicos que prefiguraron la construcción del horizonte de la investigación, al igual que la incorporación de nuevos postulados jalonados por los hallazgos en cuestión que permitieron ampliar y relacionar algunos categoriales hacia construcciones más generales. Y finalmente una contrastación con los postulados filosóficos, que pudieran dar una mayor explicación para complementar la estructuración.

Teorización: Explica Martínez en concordancia

con versados teóricos, que este aspecto, no obedece ni puede obedecer a reglas, sino que en ello el papel preponderante es la creatividad e imaginación del autor y su capacidad para establecer las conjeturas relativas a las conexiones que subyacen en los femémonos estudiados, desde este punto de vista la teorización se realizó bajo el criterio de las conexiones y relaciones que arrojaron los análisis categoriales desde lo micro, lo meso y lo macro en los contextos semánticos, pragmáticos, sintáctico y físico, la elaboración de conceptualizaciones y su contrastación y complementación con antecedentes y postulados epistémicos pertinentes a los categoriales descritos, su validación filosófica en perspectiva de la búsqueda de una base epistémica nueva y su inserción como área del conocimiento en el referente central de la teoría de las historias de vida, para este caso.

Confiabilidad y Validez Cualitativa

Confiabilidad o Dependencia

Hernández Fernández y Baptista (2006), citando a Franklin y Ballan, señalan que la confiabilidad cualitativa o dependencia, se entiende como el grado en que diferentes investigadores que recolecten datos similares en el campo y efectúen los mismos análisis, generen resultados equivalentes. Una de las formas de lograr esto es mediante la auditoría interna definida por los autores como "una forma de triangulación entre investigadores y sistemas de análisis", para lo cual se hizo uso de la opinión de investigadores externos que visitaron la comunidad.

En este orden de ideas, se tiene que la triangulación, cuyo principio básico consiste en recoger y analizar datos desde distintos ángulos para compararlos y contrastarlos entre sí, definida por Denzin (1970, 291), en Bisquerra (1997), como "la combinación de metodologías en el estudio de un mismo fenómeno". Al igual que para Kemmis (1983) (op. cit.), consiste en un control cruzado entre diferentes fuentes de datos: personas, instrumentos, documentos o la combinación de todos ellos, tal como se hizo al realizar entrevistas, observaciones y revisión documental.

Para el caso de la presente investigación, se combinaron los datos con diferentes teorías, triangulando los contenidos derivados de las narrativas, los eventos observados y la normativa que permitieron la elaboración de los códigos y categorías que fueron emergiendo, igualmente la construcción transmetódica permitió desde diferentes niveles de observación del fenómeno, llegar a un punto nodal de constatación de los hallazgos y posteriores interpretaciones, de la misma forma el enfoque axiológico de esta metódica ofreció una constante referenciación del camino andado y por andar.

Otro elemento es la permanencia prolongada en el contexto; para el caso en estudio veinte años de servicio en las unidades submarinas y la separación periódica de la situación, que implica alejarse periódicamente para evitar la contaminación del investigador y su conversión en nativo. Para el caso en estudio, aunque el investigador estuvo veinte años en el ambiente, se separó desde el año 2001, y por supuesto, a efectos de la investigación regresé ya no como nativo, sino en el rol de investigador, no obstante, a efectos de hacer comprensible el haber permanecido ese tiempo como miembro de la comunidad, se propuso como parte de la investigación la historia propia (Rojas, 2010).

Finalmente, se realizó una revisión longitudinal de los referentes epistemológicos, que permitió tomar solo aquellos elementos o categorías consistentes en el tiempo de acuerdo a diferentes autores, desde los originales hasta las derivaciones teóricas de cada disciplina (revisión de bibliografías desde los originales hasta diferentes versiones de autores más recientes).

Validez o Credibilidad Cualitativa

Indican Hernández Fernández y Baptista (2006), que la credibilidad refiere a si el investigador ha captado el significado completo y profundo de las experiencias de los participantes y una manera es mediante la triangulación de teorías como se realizó en el presente estudio, no obstante adicionalmente como eje transversal se tomó en consideración las premisas del Paradigma Emergente (lógica dialéctica y enfoque interdisciplinario, relación parte-todo, conocimiento personal, metacomunicación del lenguaje y principio de complementariedad).

En este orden de ideas, expresa Martínez:

> Existe una urgente necesidad de un cambio fundamental de paradigma que permita en un todo coherente y lógico el creciente flujo de conocimientos revolucionarios procedentes de las más diversas disciplinas y que entran en conflictos irreconciliables cuando son procesados e interpretados con los viejos modelos (Martínez, 2007, p. 113).

Premisas del Paradigma Emergente

Si bien es cierto que Martínez, hace énfasis en el viejo paradigma newtoniano - cartesiano, tampoco es menos cierto que su postura abarca el nuevo paradigma postpositivista pues fundamenta su opinión en una serie de antinomias que se han transferido a este, como es la atomista idea de separar a los entes interactuantes en una condición sujeto – objeto, que queda fuera de lugar bajo la premisa comprobada de que no somos observadores inertes y que influimos con nuestras particularidades en el proceso de observación, otra antinomia es la denominada Lenguaje – Realidad, ya no se debe olvidar que el ser humano no replica por medio del lenguaje, la realidad de lo observado, sino que traduce de acuerdo a su naturaleza, sin garantía de certeza, Parte – Todo, en base a que sólo percibimos partes de un fenómeno y lo relacionamos a través de nuestra masa aperceptiva y no se tiene la seguridad si estamos viendo una, varias partes o el todo.

Esta conjetura se hace evidente, habida cuenta de la incertidumbre que se presenta ante la certeza o adecuación de los métodos o reglas de verificación y los criterios para su escogencia y finalmente la Libertad – Necesidad, en cuenta de la naturaleza humana de buscar a cualquier precio explicación a sus incertidumbres, se hace sumamente peligrosa la tentación de aceptar respuestas o asumir categorizaciones en base a una posición acomodaticia a la facilidad y concordancia con ideas y resultados preconcebidos.

En vista de las razones antes expuesta, expresa el precitado autor una serie de criterios para dar consistencia a un paradigma universal que coadyuve a superar estas antinomias como son:

De Orden Ontológico: La tendencia al orden de los sistemas abiertos, consideración ésta basada en la Teoría de las Estructuras Disipativas de Ilya Prigogine, que plantea el orden a partir del desorden en contraposición a la entropía y el movimiento de los sistemas hacia modos de organización siempre superiores, explica Martínez de acuerdo a Prigogine, Morín y otros, que todos los cuerpos en el universo están en movimiento, inclusive una "aparentemente" inerte roca y que de acuerdo a ello se encuentran en un constante consumo de energía, sosteniendo:

El continuo movimiento de energía a través del sistema crea las fluctuaciones. Si estas alcanzan un cierto nivel crítico "perturban" el sistema y aumentan el número de nuevas interacciones en el mismo. Los elementos de la vieja estructura entran en una nueva interacción unos con otros y realizan nuevas conexiones, y así, las partes se reorganizan formando una nueva entidad: el sistema adquiere un orden superior, más integrado y conectado que el anterior; pero este requiere mayor flujo de energía para su mantenimiento, lo que lo hace a su vez menos estable, y así sucesivamente (op. cit., p. 129).

Igualmente, sostiene el autor la pertinencia de dicho postulado en el ámbito social y por lo tanto en el organizacional, y por supuesto en la comunidad de submarinistas hay que tomar en cuenta este reacomodo estructural constante, que podría emerger en cada modo de ser que se da.

Ontología sistémica (lógica dialéctica y enfoque interdisciplinario, relación parte-todo): De acuerdo a la premisa de que se está ante una entidad cuyas "partes constituyentes, forman una totalidad organizada con fuertes interacciones entre sí" (op. cit., p. 131), y por lo tanto son un sistema, y se requiere para su estudio y comprensión de una manera, que pueda permitir la captación de estas estructuras. Desde este punto de vista, el problema se complejiza, ya que no solamente se habla de considerar las relaciones intrasistémicas, sino de también tomar en cuenta que entonces se requiere de una conjunción de disciplinas para conformar el referente epistémico que pueda dar respuesta al entramado que generan dichas relaciones.

Por otro lado, vistos estos escenarios también se debe entender que en la dinámica de las estructuras sistémicas se forma una relación dialéctica donde cada interacción puede cambiar el curso de la próxima relación, lo cual llevó a la construcción transmetodica ya indicada y la revisión epistemológica longitudinal.

De Orden Epistemológico (Conocimiento personal:): En este punto se resalta la relación sujeto objeto poniendo en evidencia las inseparables características personales de quien actúa como observador, denominado como Polo del Componente Interno (cultura, aspecto psicológico, intencionalidad, etc.) y el objeto como Polo del Componente Externo, el cual cuando se habla de las ciencias naturales tiene muy poca variabilidad, pero al incursionar en el aspecto humano el asunto cobra dimensiones sumamente complejas.

Metacomunicación del lenguaje: Teniendo en cuenta que "en toda comunicación hay una metacomunicación - comunicación a cerca de la comunicación que acompaña al lenguaje" (op. cit., p.149), y que esta por sobre los contenidos verbales y gestuales, altera, precisa, complementa, pero por sobre todo da sentido y significado al mensaje, se reitera la necesidad de "estudiar a fondo la acción del observador sobre el objeto percibido" (p. 150). Ahora como investigadores y como una cualidad de las ciencias humanísticas, indica el autor se tiene una capacidad de autorreferencia que permite la reubicación pertinente frente a cada hallazgo de manera de no caer en falsas interpretaciones y esta capacidad tiene tres niveles, uno inferior por medio del cual nos daremos cuenta del engaño luego de finalizado el evento, uno intermedio que nos dará la información durante el evento y uno superior que dará los indicios antes de este materializarse; pero que sólo puede ser adoptado desarrollando la cualidad de auto análisis y auto crítica. En este aspecto la investigación se apoyó en la experiencia de veinte años del investigador, la escogencia de los informantes de diferentes jerarquías y de diferentes tiempos de estadía a bordo, ello permitió identificar similitudes y diferencias en los respectivos discursos.

Principio de complementariedad: En este punto el

autor basa sus conjeturas en referentes como Aristóteles, Wittgenstein, Habermas, Giddens, etc., en torno a la premisa de la incapacidad del hombre para captar el todo, por lo menos en un solo intento, cuyo postulado se extiende en forma crítica al reduccionismo y superespecialización de las ciencias naturales en especial, haciendo énfasis tanto en las restricciones del lenguaje para expresar los significados en su totalidad, las restricciones del observador y el reduccionismo teóretico, resaltando la necesidad imperiosa de la búsqueda de la complementariedad y llamando la atención sobre el error de creer en la sustitución o exclusión de postulados y teoría que aparentemente parecen irreconciliables, pero que su significado intrínseco son complementarias. Establece como referentes la interdisplinariedad y la transdisciplinariedad.

Finalmente, el aporte que ofrece la autobiografía del investigador como entrada que pone al descubierto y la disposición del lector de la mirada del autor como hermenéutica del yo, pone en el tapete innumerables elementos de validación interpretativa.

Referente Empírico, población e informantes claves

En este sentido, se realizó la investigación en el ámbito venezolano, específicamente en el Escuadrón de Submarinos de la Armada Nacional Venezolana, ubicado en la Base Naval Contralmirante Agustín Armario, en la ciudad de Puerto Cabello.

En este orden de ideas, constituyen las unidades de análisis tres grupos específicos dada la necesidad de indagar desde las diferentes biografías, donde se toman tres tipos claramente diferenciados: aquellos que no fueron atraídos por el elemento submarino, de donde se eligió un efectivo de la Armada que prefirió hacer carrera en otra área, aquellos que sintieron un llamado inicial y luego no culminaron su carrera en el arma submarina y aquellas personas que exitosamente han cumplido o están en pleno desarrollo de su ciclo de carrera en el arma submarina, no obstante de este último grupo se hizo una estratificación motivado a la diferenciación en términos de jerarquías de acuerdo a la siguiente composición según el manual de organización de las unidades submarinas clase "Sábalo":

Composición de la tripulación de los submarinos clase "Sábalo"	
Grado o jerarquía	Cantidad
Oficiales de Comando	8
Oficiales Técnicos	17
Sargentos	14
Marineros (tropa alistada)	6
Total	45
Fuente: adaptación del Manual de Organización de las Unidades Submarinas de la Armada de Venezuela.	

De esta población de un submarino, se tomaron como informantes claves dos oficiales de Comando que en el momento desempeñaban los cargos de comandante y segundo comandante, un oficial de comando en periodo de calificación, dos Oficiales Técnicos, dos Sargentos y un marinero, lo cual genera una composición de informantes claves o actuantes donde se cubrió la diferencia de formación académica, los aspectos gerenciales, técnicos, mano de obra calificada y no calificada y el tiempo abordo desde ocho meses a diecinueve años de la siguiente manera:

Composición de informantes claves	
Condición	Cantidad
Aquellos que no fueron atraídos	1
Aquellos que no continuaron	1
Aquellos que culminaron	8
Total	10

Igualmente, se consideró la opinión de investigadores externos y otros informantes claves como el Comandante del submarino y otros que presenciaron situaciones de emergencia o especiales.

Protocolos técnicos para la presentación de posibles hallazgos

Aunque podrían tener la misma conformación de los reportes cuantitativos, el investigador debe definir, los usuarios y el contexto (Hernández Fernández y Baptista 2006), éste, sostienen los autores antes referidos constituye una narrativa donde se presentan los resultados con todo detalle, sin extenderse en pormenores de poca relevancia, se debe utilizar en la narrativa un lenguaje fresco, vivido y natural, pudiéndose redactar en primera persona. De esta manera los hallazgos son ordenados y narrados con una redacción tal, que sean comprendidos hasta el punto de lograr que los lectores vean, sientan y concluyan lo mismo que el investigador pudo ver, sentir y concluir tal y como lo señala Córdova y otros (en Rosales, 2008).

La estructura del diseño investigativo se elaboró combinando los elementos de los planos filosóficos de la investigación y la matriz epistémica como se muestra a continuación:

Planos y fundamentos epistemológicos de la investigación

Planos de la investigación	Fundamento epistemológico
Ontológico: Con arreglo a Heidegger (2008), refiere al estudio del ser, que se manifiesta en la investigación en la búsqueda del ser de los actos que definen las relaciones laborales y convivenciales de los tripulantes de las unidades submarinas.	Ontología Fenomenología
Epistemológico: En términos de González (2007), se plantea la reflexión sobre los postulados que fundamentan la investigación en cuanto a la metodología, la ética, la moral, la Administración y Gerencia, relaciones laborales, comportamiento organizacional, la fenomenología, la Hermenéutica y la Filosofía.	Filosofía, Hermenéutica Psicología Industrial Psicología social de las organizaciones Relaciones laborales
Axiológico: De acuerdo a Sheller (2001), se hace en la investigación un arqueo que permite enfocar la subjetividad, tipos, ponderación y formación de los valores.	Valores, Moral y Ética
Metodológico: Aspecto que fundamenta el camino a seguir en la investigación, que aunque se describe en los capítulos II, III y IV particularmente se configura como eje transversal que orienta toda la actividad desde su abordaje en términos de una intencionalidad en el ámbito fenomenológico que da origen al horizonte investigativo, el paradigma adoptado (humanista), el método Hermenéutico enfocado desde el piso fenomenológico, análisis del discurso, codificación, categorización y la estructuración del discurso, teorización hasta la validación filosófica de la teorización como resultado final.	Hermenéutica Análisis del discurso Paradigmas investigativos Construcción de teoría Métodos de investigación Normativa
Antropológico: Referido al estudio del hombre que se manifiesta en estructuras categoriales en torno a lo cultural, que preconfigura el ser del submarinista.	Semiótica Filosofía Antropológica

Fuente: Elaboración propia

CAPÍTULO VI

LA EMERSIÓN EPISTEMOLÓGICA

NOTA: ahora para graficar mejor el proceso de teorización, que es el producto final, a continuación, se muestra un ejemplo de los hallazgos que dio origen al capítulo de la tesis titulado:

LA INSTITUCIÓN TRANSFUNCIONAL METAESTRUCTURAL

Y a continuación la conceptualización de:

El liderazgo, la comunicación y la estructura en acción

El punto de partida desde la teoría organizacional

Para hablar de organización se hace necesario aludir la teoría de la administración, cuya conceptualización surge de la necesidad de solucionar problemas de agrupaciones formadas por el hombre en su devenir histórico, a tal efecto a manera de ofrecer una síntesis que recoja los eventos más significativos que llevaron a lo que hoy se denomina la moderna teoría de la Administración y de las Organizaciones (Amaru, 2009), como resultado de una constante evolución que data de acuerdo al precitado autor desde el año 3000 a.c hasta la presente fecha a saber (p. 10 a 13) se tiene:

NOTA: Acá se hace un recorrido histórico, crítico, para luego contrastar con el objeto de estudio, como se muestra a continuación.

Liderazgo, gerencia y competencias a bordo

Para abordar el tema de la gerencia y liderazgo se hace necesario distinguir entre gerentes y líderes, de aquí que indica Robbins (2005), que los gerentes son asignados en sus puestos y su habilidad para influir en los empleados depende de la autoridad formal inherente en ese puesto, tal como serían los diferentes cargos directivos a bordo de los submarinos desde el Comandante hasta los jefes de secciones, en contraste, los líderes son designados o surgen en un grupo de trabajo y tienen la capacidad de influir en los demás por razones que van más allá de la autoridad formal, por lo cual en este medio nos podríamos encontrar tanto líderes formales como líderes informales.

Sin embargo, hay que hacer la salvedad de la alta formalidad del liderazgo en el ámbito militar, donde habitualmente ambas figuras confluyen en el jefe formal, no obstante, no se descarta que surja una situación donde la sincronía de dichas figuras no se dé. Prosigue Robbins con las siguientes interrogantes: ¿Deben todos los gerentes ser líderes? a la inversa, ¿deben todos los líderes ser gerentes? (p. 422), lo cual en el mundo militar pareciera ser respondido en términos que los gerentes deben ser líderes, a tal efecto el mismo autor expresa: "...un líder es alguien que puede influir en otros y que posee autoridad gerencial. (op. cit), lo cual implica que el liderazgo es entonces el proceso que consiste en influir en un grupo para orientarlo hacia el logro de objetivos.

En este orden de ideas, se ha construido toda una teorética que busca establecer los rasgos de un líder, a tal efecto Boyett y Boyett (2001), indican que el tema principal del mundo empresarial es el liderazgo, en tal sentido habidas cuentas que dicho tema puede rastrearse hasta tiempos bíblicos y hace referencia a la biblia según San Mateo 15:14, quien advierte que si un ciego se deja llevar por otro ciego ambos caerán al hoyo, en base a lo cual hace énfasis sobre una serie de características que de acuerdo a diferentes teóricos de la materia que deben ostentar aquellos que están en dicho rol a saber:

Ingredientes básicos del líder según Warren Bennis (1989): visión, pasión, integridad, confianza, curiosidad y osadía.

Las siete megahabilidades del líder según Burt Nanus (1989): visión de futuro, dominio de los cambios, diseño de la organización, aprendizaje anticipado, iniciativa, dominio de la interdependencia, altos niveles de la integridad.

Las características de los líderes basados en los valores (James O' Toole, 1996): integridad, confianza, saber escuchar, respeto por los seguidores.

NOTA: Así se continúa el análisis complementado con otros autores y se reflexiona.

De lo anteriormente indicado, se puede ver como hay cierta coincidencia en cuanto a la confianza, la visión de futuro, la curiosidad, lo humano, energía intelectual, aprendizaje continuo, respeto por los seguidores y sobre todo a la integridad, asunto que viéndolo como recurrente podría catalogarse como un valor. No obstante, señalan los autores que no necesariamente se requiere de todos esto atributos, ni ellos agotan el tema, todo depende de la organización y lo más importante de los seguidores, ante lo cual expresa Robbins (op. cit), que sin seguidores no hay liderazgo y por tanto su efectividad depende de estos, por lo cual entonces se habla de elementos que generen empatía entre líder y seguidores, en el caso de estudio, las referencias consultadas más que darnos información, inducen a indagar sobre estos elementos.

Además de las características de los lideres, hay una extensa bibliografía sobre los estilos de liderazgo del autocrático (teoría X), el participativo (teoría Y), el liderazgo basado en el sentido de pertenencía por la empresa (teoría Z) y otros como el modelo contigente (modelo de Fiedler, teoría del liderazgo situacional de Hersey y Blanchard, modelo de la participación del líder y modelo de la trayectoria a la meta. Cada una trata de definir el estilo de liderazgo y la situación e intenta responder las contingencias situacionales). Es decir, si esta es la situación, entonces este es el mejor estilo de liderazgo para usar), ¿cuál estilo responde a la situación del ambiente del arma submarina?, ahora antes de contestar esta pregunta surge como hallazgo de importancia que se está ante una comunidad de líderes.

Para ser más precisos desplacémonos del ámbito empresarial al militar, en este sentido en la obra "El Militar" como líder, emanada del Ministerio de la Defensa venezolano en el año 1993 se tiene:

En principio se estima que el líder militar debe estar caracterizado de una manera peculiar, en base a las funciones específicas que impone su trabajo. Por otra parte, partimos de la creencia de que el líder excepcionalmente nace, y por lo general se hace, a partir de ciertas cualidades personales, por medio de la educación y el entrenamiento (p. 42).

Por lo anteriormente expresado, se habla entonces de personas que además de poseer características para el servicio en submarinos, adicionalmente posee las necesarias para ser líder, cuya definición de acuerdo al General Martin García Villasmil (1993) es:

El líder es aquel capaz de inspirar, motivar e impresionar a los individuos, debido a las propias características personales, a la confianza que inspira, a su manera de lograr los objetivos, a la habilidad para actuar y expresarse y a la fe que genera en los otros. Por ello es secundado en sus disposiciones, es seguido, es imitado. -el líder es un maestro que es seguido espontáneamente (p. 42).

Como se puede observar, de alguna manera el concepto previo recoge muchos de los atributos señalados por los teóricos precitados, no obstante, surgen como elemento de importancia la motivación y la inspiración a los seguidores. En este orden de ideas, en la obra precitada se indica que el liderazgo conlleva profundas implicaciones, ya que el líder militar está personificado en los oficiales de comando que egresan de los institutos de formación de oficiales, sin embargo hay que hacer la salvedad que para la fecha no existía la modalidad de obtención de oficiales por la vía de profesionales captados del mercado externo a la institución y sometidos a un año de formación en la respectiva escuela militar, junto a aquellos que cursan el último año.

Igualmente, aunque como en toda organización cuando se habla de líderes, se trata de los cuadros gerenciales, de acuerdo a las nuevas conceptualizaciones, como es el caso del liderazgo situacional (Robbins: 2005), se incluye a todo aquel que guía la acción en un momento dado, de manera contingencial, por lo que se considera que todos los tripulantes de alguna forma ejercen el rol de líderes. No obstante, priva la especial atención en los oficiales de comando y particularmente "El Comandante", volviendo al principio de la idea en curso, cabe aclarar que la formación como líderes se comienza a gestar en dichas escuelas, donde se les evalúa su potencial para el mando y conducción de hombres.

Un segundo aspecto como ingrediente del líder militar lo constituye el elemento del cumplimiento de la misión, lo cual implica una predisposición a la guía de sus hombres a un objeto determinado como eje de su accionar. Finalmente, se plantea la necesaria facultad de saber armonizar las expectativas de sus seguidores con el cumplimiento de la misión, y es importante de tomar en cuenta que si bien en el ámbito militar es común considerar la existencia de un liderazgo autocrático, aquí se hace énfasis en la armonización de la voluntad del hombre con la tarea por medio de la influencia, y lo define como: "el arte de influir y dirigir hombres en la misión asignada" (p. 43).

En otro orden de ideas, se hace referencia a una serie de virtudes que debe poseer el líder militar, tales como el patriotismo, el honor, la prudencia, la justicia, la integridad, la humildad y el carácter en cuanto capacidad y disposición para decidir, lo cual inscribe el asunto en lo ético más que en lo instrumental, como hemos visto en la mayoría de los teóricos; sin embargo, estas virtudes se complementan con lo que en la obra se denomina cualidades en términos de coraje, disciplina, decisión, desinterés, competencia profesional, humanidad, confianza en sí mismo, lealtad, entrega, voluntad, energía, inteligencia, probidad y firmeza, con lo cual se obtiene un conglomerado de elementos muy similares a los ya mencionados con la excepción del patriotismo en especial.

Para reforzar la condición del liderazgo militar cabe la expresión de Torres (2012):

El liderazgo es un valor permanente en la cultura de las FFAA, que guía la conducta individual y colectiva del personal militar hacia el cumplimiento de la misión. La vida militar exige a su personal la capacidad de llegar a entregar la vida en aras de objetivos colectivos; por lo que, independiente del tipo de organización, doctrina o conductas sociales, al militar se le exige un grado de vocación y compromiso especial, un ethos militar muy singular, donde la existencia de líderes respetados y admirados es esencial.

En lo que al servicio de submarinos se refiere, es pertinente hacer referencia a la conferencia sobre liderazgo dictada por el Capitán Wolfgang Lüth de la Armada Alemana en la Segunda Guerra Mundial quien comandó cinco sumergibles U-boot (U-13, U-9, U-138, U-43 y U-181) hundiendo 47 naves para un total de 225.756 toneladas. Catalogado como una de las más complejas personalidades de la guerra submarina, caracterizado por ser un inspirado líder y táctico que supo extraer el máximo de sus hombres y su submarino, quien, sostenía que si cuidas de tus hombres ellos cuidarán de ti.

En tal sentido, sus acciones como líder durante los largos periodos de patrullaje, con el consabido sometimiento del personal a las incomodidades de los pequeños submarinos de la segunda guerra mundial, con las experiencias cotidianas de los enfrentamientos donde en cada uno la vida estaba en peligro se basaron en el ejemplo, la comunicación constante con sus hombres, la justicia, la exigencia profesional, evitar el ocio y promover actividades como la lectura, celebraciones de cumpleaños, generar un ambiente lo más parecido posible a la normalidad de tierra, el acercamiento a la familia de sus hombres, la exacerbación del patriotismo, un adiestramiento constante y flexibilidad en la disciplina sin ceder en los asuntos de fondo.

Otra cuestión que intenta resolver la obra, es la diferenciación en cuanto al liderazgo y la gerencia, donde en una primera instancia define la gerencia como "el arte de administrar recursos financieros y materiales" (p. 62) , y asocia el liderazgo a la conducción de personal, hace énfasis en la necesaria adopción de ambos roles en el ejercicio del comando, ya que el jefe militar debe gerenciar los recursos en las actividades administrativas y en la preparación de las operaciones, pero igualmente es imprescindible la capacidad de influir en sus hombres para ser seguido en el cumplimiento de la misión más por voluntad propia que por obligación.

Siguiendo en la búsqueda de orientaciones en términos de los propósitos planteados, se hace necesario hallar una pista respecto del rol de la gerencia en el ámbito submarino, que, si bien está muy ligado a los aspectos de liderazgo, requiere de ser ampliado. A tal efecto indica Ansoff (1998), que la gerencia puede verse como un ciclo para la solución de problemas, donde la influencia y la comunicación se presentan como procesos de alta complejidad, donde el rol del gerente se relaciona a:

Establecimiento de objetivos para una actividad del área de negocios.

Percepción de problemas dentro y fuera de la actividad.

Diagnóstico de problemas y oportunidades y su efecto sobre la empresa.

Creación de respuesta a problemas y oportunidades.

Análisis de las consecuencias probables de los cursos de acción.

Selección de la mejor alternativa.

Programación y presupuesto de la alternativa seleccionada.

Liderazgo en la implantación (comunicación y motivación).

Medición del rendimiento en relación con los objetivos.

Observación de tendencias y posibles discontinuidades dentro como fuera de la empresa.

Repetición de alguno o todos los pasos anteriores.

A lo anterior, se suma el rol de la gerencia como actor laboral (Lucena: 2008), asunto que cobra importancia y centralidad en el tema si se aborda desde su ámbito de competencia, que inclusive desborda los límites de la organización como lo expresa Drucker:

Lo que incumbe a la gerencia es todo aquello que afecta al

desempeño de la institución y a sus resultados, sean en el interior o en el exterior, encuéntrense bajo control de la institución totalmente o fuera de él (1999, Pág. 57).

Por otra parte, tomando en cuenta que los actores se construyen históricamente (Lucena, 2008), y que es a través del tiempo que crean sus identidades y subjetividades, donde sus mitos, creencias, metas, ideologías, percepción de la aceptación del liderazgo y la aceptación del mismo, determinan las formas de relacionarse de cada uno, como se debe dar en el medio laboral submarino.

En este sentido, se identifica como interlocutor válido en esta trama a la gerencia, dado que los aspectos bajo el control o no de la institución son responsabilidad de la gerencia Drucker (op. cit.), así el entramado de relaciones del mundo de la vida en un submarino, son adeudo de la gerencia, entonces el actor preponderante en dicho medio pareciera ser como ya se ha expresado la gerencia, pero en términos de liderazgo.

El liderazgo a bordo

A continuación, se exponen las conceptualizaciones de liderazgo obtenidas de la narrativa de los actores.

El liderazgo como código debe su aparición a las constantes menciones no solo a la actuación de lo superiores y mentores como se explicó en el caso del código Ejemplo, si no también a los subalternos. En primer término, a aquellos expertos que poseen una jerarquía inferior a algunos recién llegados, de igual manera en el reconocimiento de virtudes en los iguales, como la capacidad de trabajar (Víctor Salas), el apoyo mutuo (Yosbelyz), asociado a la lealtad y a la necesidad de contar con el subalterno. Pero se manifiesta en su última instancia en los momentos difíciles en actitudes que demuestran la lealtad al líder, el Comandante, tal como expresa Jhonny en ocasión del encuentro con el submarino que presuntamente ingresó a nuestro mar territorial:

... cuando se da esa situación que se manda el alistamiento para el rol de combate, en ese momento mi cargo era el de Contramaestre, el Contramaestre es el auxiliar de personal y navegando la función del Contramaestre es velar porque todas las personas ocupen el puesto que le corresponde en una situación determinada (pausa, piensa),... la responsabilidad decía, verifica que todas y cada una de las personas estén en su puesto y en su sitio para lo que estábamos afrontando en ese momento y eso fue lo que nos correspondió, lo que me correspondió en ese momento y estar allí como se dice al lado del comandante para dar esa... transmitirle al Comandante esa sensación de tranquilidad en ese aspecto, porque una de las funciones que uno tiene que tener aquí es tratar de liberar al Comandante de la menor cantidad de presión posible.

Los entrevistado coincidieron también en que este liderazgo depende del día a día, entonces los líderes tienen la tarea en todo momento de estar demostrando sus cualidades; esto es así en cada maniobra de los diferentes operarios, desde el comandante hasta el marinero más nuevo, ponen en evaluación su desempeño y ganan o pierden ascendencia. Al igual en las decisiones, con el trato de personal, la solución de fallas y hasta la presentación de su área de responsabilidad, asunto que enlaza con una competencia por demostrar cualidades y no una lucha contra el otro, se puede hablar de una competencia consigo mismo donde el premio es el prestigio que otorga liderazgo, así surge la expresión el liderazgo depende del día a día se hace con el día a día.

Cuadro No 14 : Situación relacional del código LIDERAZGO

No DE CITAS	RELACIÓN		No DE RELACIONES
8	Relacionad o con:	Los mentores, conciencia, disposición a la enseñanza, el carácter del corsario	4
	Igual a:		
	Causa de:	Diá a día, El Nos	2
	Influye en	Aprendizajes y provechos recibidos,	1
	Opuesto a		
	Parte de	Ejemplo	1
TOTAL			8

Fuente: Elaboración propia

NOTA: Se obvia mostrar otros códigos por razones de evitar redundancia. Ya vimos cómo se generan los códigos, y ahora se muestra cómo llegar a las categorías conceptualización de la institución transfuncional metaestructural:

Núcleo categorial	Categoría	Códigos relacionados o componentes del código
La institución transfuncional metaestructural	La estructura transmutable	Organización vertical, organización funcional, organización matricial organización contingencial, dinamismo estructural, organización por proyectos, organización por procesos, por tareas de conocimiento, interdependencia, calidad, cooperativismo, el cliente interno, grupos interfuncionales, capacidad interpretativa, creatividad.
	Liderazgo mostrar mostrando	Autoridad formal, liderazgo informal, liderazgo situacional, aprendizaje anticipado, iniciativa, dominio de la interdependencia, altos niveles de la integridad, confianza, saber escuchar, respeto por los seguidores, proactividad, sinergia, lo humano, pertenencia por la empresa, la influencia, el fin claro, motivar, valor, el ejemplo, la familia,, adiestramiento, gerencia, mostrar mostrando, renovación constante, cultura organizacional,, los mentores, apoyo mutuo, interdependencia, el aporte a la misión, el día a día,, conciencia, disposición a la enseñanza, el carácter del corsario, aprendizajes y provechos recibidos, sentido de conjunto ser espejo del otro.
	Liderazgo condicional	Liderazgo de consenso, teleológico, situacional liderazgo transpersonal.
	La comunicación	Normativa técnica, normativa operacional, informal, cultural la claridad, la interpretación del otro, la interpretación de los movimientos del buque, la interpretación de los manuales técnicos y comportamiento de los equipos, liderazgo, apoyo mutuo, disposición a la enseñanza, trabajo, toma de decisiones, el nos, la familia , adaptación, confianza, exigencia, autocontrol camaradería, conciencia, competencias profesionales trabajo.

LA INSTITUCIÓN METAESTRUCTURAL TRANSFUNCIONAL

Este núcleo categorial se entrevera en una estructura organizacional trasmutable, con la característica que desde la rigidez piramidal de lo militar, se desplaza a lo contingencial de acuerdo a la exigencia del momento, en base a un liderazgo multidireccional que se da en actos de mostrar mostrando y autoexigencia y un entramado comunicacional que liga lo técnico, lo formal y lo cultural.

NOTA: Aquí tenemos el concepto de estructura transmutable.

La estructura trasmutable: compuesta por los códigos Organización Vertical, Organización Funcional, Organización Matricial Organización Contingencial, Dinamismo Estructural, Organización por Proyectos, Organización por Procesos, por Tareas de Conocimiento, Interdependencia, Calidad, Cooperativismo, El Cliente Interno, Grupos Interfuncionales, debe su denominación esta categoría a la intención de recoger en ella, las particularidades de una organización que transmuta desde lo organizacional a lo institucional; sustentado en su naturaleza originaria como fenómeno social que la convierte en un producto natural, fruto de necesidades y presiones sociales configurada como un organismo adaptativo y receptivo (Peters, 2006), con una piramidal y funcional propio de la institución militar.

Ahora, sin renunciar a su forma original se da el cambio a lo matricial de acuerdo a las necesidades operativas, lo que hasta ahora no representa asunto fuera de la teoría organizacional conocida, sin embargo en las declaraciones de los hablantes, como en las observaciones de campo, se encontró que se dan reacomodos de roles y funciones que obedecen a situaciones momentáneas, pero consistentes en el tiempo, la conformación organizativa para realizar las tareas trasmuta, sin perder su estructuración original. Vale acotar lo curioso que pueda entonces coexistir la rigidez con la adaptabilidad a la acción. Así un superior de repente se convierte en ayudante de un subalterno, alguien se inmiscuye bajo la figura de una colaboración espontanea en trabajos fuera de su especialidad para apoyar, otro se preocupa en el bienestar de quienes están trabajando o de guardia, llevándoles café o agua, no hay ruptura con la responsabilidad y preocupación por el estado general de los equipos de a bordo, así se esté descansando, en la comunicación va de lo formal técnico y operativo a lo colaborativo como elemento sinérgico. Surge la preocupación por informar al líder de las condiciones de los aspectos de responsabilidad en cada momento, todos son líderes, tal es el caso de Víctor Prieto, con apenas meses a bordo en su preocupación por enseñar y convertirse en espejo de sus subalternos.

De la misma forma, las diferentes situaciones jalonan el desarrollo de una capacidad interpretativa y creatividad que desborda la rigidez militar, la determinística de la física clásica que rigen la movilidad del submarino, lo tecnológico y la táctica submarina hacia acciones, como la necesidad de interpretar el comportamiento de un equipo, más allá de lo que dicen los manuales y planos en palabras de Jhonny, tomar las acciones de ingresar agua o achicar u ordenar movimientos de los planos (alerones) anticipadamente antes que el submarino gane energía cinética que lo lleve fuera de la profundidad que se ordene. Según Yosbeliz, el trato humano aducido por Neil, Marcos y Víctor, la interpretación de las intenciones del enemigo y el ejercicio de adivinar los movimientos de otro buque en la oscuridad cuando los sonares no son precisos, son operaciones mentales que realizan los tripulantes de los submarinos en su día a día, que superan las estructuras organizacionales ya mencionadas, sin alejarse de estas.

Lo antes expuesto, permite reiterar como se ha venido esgrimiendo que definitivamente la rigidez organizacional no coarta la creatividad y capacidad de desarrollar soluciones a situaciones contingenciales de las organizacionales.

Liderazgo mostrar mostrando: Esta categoría comprendida por los códigos Autoridad Formal, Liderazgo Informal, Liderazgo Situacional, Aprendizaje Anticipado, Iniciativa, Dominio de La Interdependencia, Altos Niveles de Integridad, Confianza, Saber Escuchar, Respeto por los Seguidores, Proactividad, Sinergia, Lo Humano, Pertenencia por la Empresa, La Influencia, El Fin Claro, Motivar, Valor, El Ejemplo, La Familia, Adiestramiento, Gerencia, Mostrar Mostrando, Renovación Constante, Cultura Organizacional, Los Mentores, Apoyo Mutuo, Interdependencia, El Aporte a la Misión, El Día a Día, Conciencia, Disposición a la Enseñanza, El Carácter del Corsario, Aprendizajes Provechos Recibidos, Sentido De Conjunto, Ser Espejo del Otro.

Igualmente, se imbrica en una estructura trasmutable, un liderazgo que se renueva en cada acto por exigencia del subalterno, tal como expresa Yosbelyz, que observa en todo momento y hay que entender que en todo momento, no es pasado ni presente es longitudinal en el tiempo e implica observación continua, lo que conlleva al ejercicio de un ejemplo y liderazgo en términos de un mostrar mostrando, de la misma forma el querer verse en el subalterno como lo indicó Víctor Prieto, invierte la escena desde el superior quien ahora es quien exige al subalterno pero a la vez se exige a sí mismo.

Liderazgo condicional: Que se origina a los acuerdos de aceptación, ayuda y hasta evitación a que llegan en sus racionalizaciones los actuantes, para dar y mostrar lo mejor de sí mismos, que al dirigirse en sus actos a la obtención de resultados se evidencian en el exitoso desempeño del grupo, en la sensación de seguridad, donde va desde el cumplimiento de tareas laborales hasta la vida, se inscribe en lo teleológico cuyas manifestación se condiciona a la exigencia del momento que desplaza a lo situacional.

NOTA: Se obvia mostrar otras conceptualizaciones, ya que se considera con el segmento de la tesis agotado el propósito de mostrar cómo se llegó a dicho paso.

CAPÍTULO VI

LA INTEGRACIÓN DE PARADIGMAS
El sendero cuantitativo

Del cuerpo categorial derivado de la tesis doctoral y sus respectivas codas, se elaboró un sistema de dimensiones que comprendido por: liderazgo y confianza, camaradería, sentido de conjunto y trabajo en equipo, autorrealización, familia y trabajo, autocontrol, adaptación y aceptación, la comunicación, la disposición a la enseñanza, conciencia de riesgo, seguridad y exigencia, sentido de gratitud y pertenencia organizacional e inclinación interpretativa. Esto constituye lo que denominamos las bases teóricas en un trabajo cuantitativo, como ya se ha indicado construidas en la tesis doctoral.

Las dimensiones antes expuestas su usaron para elaborar la estrategia metodológica (Delgado de Smith, 2008) que arrojo 183 ítems (ver cuadro No. 1), con los cuales se construyó un instrumento de recolección de datos tipo escala de Likert, dada su utilidad para medir la actitud de una población (Hernández y otros, 2006), el cual fue sometido a prueba de validación de tres expertos en las áreas de Estudios del Trabajo, Epistemología y Metodología y posteriormente se le efectuó la prueba de confiabilidad usando el Alfa de Cronbach, cuyo resultado fue de 0.97, lo cual indica que el instrumento fue válido y confiable (Palella y Martin, 2012), luego de aplicado el instrumento al 100% de la población constituida por personal calificado en submarinos, o sea, aquellos que ya pasaron los periodos de capacitación en la Escuela de Submarinos y de calificación a bordo y estratificados en Oficiales de Comando, Oficiales Técnicos y Sargentos (obra de mano calificada como electricistas, radio operadores y otros).

Cuadro No. 1: Ejemplo de operacionalización de la dimensión Sentido de gratitud y pertenencia organizacional.

DIMENSIÓN	INDICADOR	ITEM
SENTIDO DE GRATITUD y PERTENENCIA ORGANIZACIONAL	Aprendizajes y Provecho profesional Provecho personal	1. Reconozco haber aprendido cosas importantes para mi desempeño laboral en el submarino 2. Reconozco haber aprendido cosas importantes en el submarino para vida personal 3. Reconozco haber enriquecido mi cultural general en el submarino
	Orgullo de ser submarinista	4. Volvería a ingresar al escuadrón de submarinos
	Competencias profesionales	5. Considero importante la opinión de todos 6. Es importante conocer todo en el submarino 7. Me intereso en como mis superiores toman las decisiones
	Responsabilidad	8. Siempre termino lo que comienzo aunque surjan dificultades 9. Los subalternos deben cumplir a cabalidad sus tareas
	Importancia de lo que hago	10. Lo que hago a bordo tienen importancia en mi crecimiento personal 11. La vida abordo me ha permitido desarrollar habilidades extras las exigidas por mi especialidad

La tabulación del instrumento se realizó dándole valores del 1 al 5 a cada condición a saber: Muy de acuerdo 5 pts., De acuerdo 4 pts., Indiferente 3 pts., En desacuerdo 2 pts., y Muy en desacuerdo 1 pto. Por lo cual la máxima puntuación que puede tener un ítem es de 5 pts., para un total de 183 ítems por 5 pts, por 60 participantes, es igual a 54.900 pts. Distribuidos de acuerdo a los ítems correspondientes a cada dimensión.

El diseño fue de campo y transeccional, ya que se toma la información de fuentes primarias y en un solo momento y del tipo explicativa, dado que se usó como fuente de comparación las dimensiones ya indicadas que actúan como variables de la investigación (Palella y Martin, op. cit.), lo cual arrojó los siguientes hallazgos.

Los integrantes de cada rango respecto de las dimensiones consultadas.

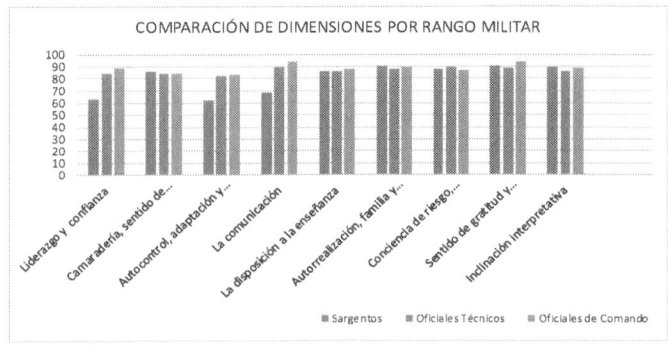

Como se puede apreciar los rangos arrojan una media que se ubicó en 87.70%, lo cual refuerza la adecuabilidad de dichos resultados con las bases epistemológicas que dieron origen a la construcción teórica que caracteriza los rasgos de personalidad de los tripulantes de submarinos

REFLEXIONES

La revisión inicial en torno al plano filosófico de la investigación fue primordial para permitir al investigador adoptar una posición; la posición reflexiva necesaria para iniciar el seguimiento del fenómeno. Entonces, no hay que confiarse en las formas de la primera aparición, es importante estar vigilante de las mutaciones de la forma, a fin de adoptar el método adecuado o mantener el mismo.

Igualmente, revisar constantemente la naturaleza de la trascendencia y ver si esta continúa o no ingrediente en el acto de comprender.

Es innegable que el mundo de la vida de cada uno marca su manera de observar, interpretar y predispone el encuentro con el fenómeno.

Aunque la investigación se limitó al aspecto laboral, asunto que tanto Ferrarotti como Corbetta avalan, en perspectiva de las posturas de Husserl, Heidegger y los precitados autores, en cuanto a las indisolubles relaciones de las vivencias de cada persona, queda la interrogante que otras cosas se hubiesen encontrado si se hubiese hurgado en los aspectos personales como la infancia, el hogar actual y otros contextos fuera de lo laboral de la vida de los consultados.

La presencia del entrevistador debe ser vista con cuidado, y remite a una necesaria epojé para minimizar la influencia de lo que él representa para el entrevistado, y lo recalca Ferraroti al indicar que ello conlleva a la hermenéutica de una interacción, ya no es ver al sujeto investigado, sino necesaria y adicionalmente reflexionar sobre la interacción que permite esta visualización, parafraseando a Heidegger, no es tan solo preguntarnos por la cosa es antes preguntarnos como llegamos a ella.

La epojé desde una hermenéutica del yo, como se planteo en la tesis, partiendo de una autobiografía aporta una gran variedad de elementos que permite al investigador una autorevisión detallada y al lector le ofrece elementos de juicio sobre la posición del investigador y hasta podría llevarlo a interpretaciones fundadas en la interacción entre el investigador y el sujeto investigado, que quizás el investigador no vea desde su perspectiva.

La experiencia investigativa presento dos aristas, la primera en cuanto a tener siempre en cuenta la carga subjetiva de quien investiga y segundo en el caso particular, la especial situación de haber sido parte de la comunidad por veinte años, lo cual por supuesto ratifica el encuentro guiado por la remisión de la intencionalidad, pero además minimiza las posibles manipulaciones en la información por parte de los informantes; permite la visualización de elementos ocultos para alguien poco conocedor del medio y permite la ilación histórica de eventos no visibles en una investigación transversal.

La coherencia que se encontró entre los resultados obtenidos, desde el paradigma humanista que arrojó un corpus epistemológico, obtenido desde las vivencias de ocho tripulantes seleccionados como informantes claves o en términos etnográficos como actuantes (Martínez, 2004,

2007), y los hallazgos de la aplicación al resto de la población de un instrumento construido desde el enfoque cuantitativo evidencian que:

Los métodos del paradigma cualitativo correctamente aplicados ofrecen resultados valederos y comprobables, por lo tanto, se puede hacer ciencia desde ella.

El paradigma cuantitativo y su método, correctamente llevado ofrece resultados valederos siempre y cuando el sustento epistemológico sea el adecuado.

Hay vinculación demostrada de ambos paradigmas y por lo tanto la investigación en el enfoque mixto bajo esta metodología es válida, factible, comprobable y permite hacer ciencia, reforzando lo indicado por Balestrini (1998).

Siguiendo a Ferrarotti (1981), que indica que un hombre son todos los hombres, permite parafrasear el resultado de la siguiente manera: investigador, mi persona, fue ese hombre, al exponer en su historia de vida como tripulante por veinte años de submarinos, las características propias de los tripulantes de submarinos de la Armada de Venezuela, ello se traspalo en los ocho tripulantes consultados por medio de las entrevistas, donde manifestaron las particularidades compartidas en dicha comunidad con alta coincidencias a las del autor, y posteriormente fueron todos los hombres, dados los resultados obtenidos en la comprobación realizada al resto de los integrantes de esta comunidad. Tiene la razón Ferrarotti.

Finalmente es importante acotar que, aunque acá se

131

muestra el proceso de integración de paradigmas y métodos de investigación, se ofrece una muy buena guía en cuanto al camino que se puede seguir para efectos de un único paradigma o método de acuerdo a las características particulares de cada investigacion, y a cómo se comporte el fenómeno.

REFERENCIAS CONSULTADAS

Heidegger, Martin. (2008). El ser y el Tiempo. (2da edic. 10ta reimp). Fondo De Cultura Económica. México D.F.

Hursserl, Edmund (2007). Investigaciones Lógicas. (Trad. José Gaos). Alianza editorial. Madrid.

Kuhn, Thomas S. (2005). La estructura de las revoluciones científicas. Fondo de Cultura Económica de México.

Martínez, Miguel. (2004). Ciencia y Arte en la Metodología Cualitativa. Editorial Trillas. México.

Moreno, Alejandro. (2008). EL Aro y la trama. Editorial EPISTEME. Caracas.

ACERCA DEL AUTOR

Ernesto José López Villamizar, es graduado como oficial de la Armada y Licenciado en Ciencias Navales, mención Electrónica en la Escuela Naval de Venezuela el año de 1980, pasó a la situación de retiro en el año de 2010, con el grado de Capitán de Navío. Cursos más importantes: curso básico de submarinos en la República del Perú, curso de Comando y Estado Mayor Naval en la Escuela Superior de Guerra Naval de la Armada de Venezuela, Especialización en Gerencia de Recursos Humanos, Maestría en Relaciones Laborales y Administración del Trabajo y Doctorado en Ciencias Sociales mención Estudios del Trabajo en la Universidad de Carabobo, Especialización en Organización de Empresas en la Universidad Central de Venezuela, Maestría en Seguridad y Defensa de la Nación en el Instituto de Altos Estudios de la Defensa Nacional "Gran Mariscal de Ayacucho Antonio José de Sucre", Doctorado en Ciencias Gerenciales en la Universidad Nacional Experimental Politécnica de la Fuerza Armada Nacional.

Cargos relevantes: Comandante del Submarino "AB Sábalo" S-31, Comandante del Escuadrón de Submarinos, Decano de núcleo de la Universidad Nacional Experimental Politécnica de la Fuerza Armada Nacional. Docente desde el año 1985, investigador a nivel doctoral.

Actualmente Vicerrector Académico de la Universidad Arturo Michelena, miembro de la comisión coordinadora de doctorado en Ciencias Sociales mención Estudios del Trabajo en la Universidad de Carabobo y asesor de la Global Humanistic University de Curazao.

Otras Obras: Las Historias de Vida de los Tripulantes de Submarino de la Armada de Venezuela, Vulnerabilidades Perceptivas del Gerente, Introducción a los Procesos Productivos, La Seducción de Neptuno y creador del programa doctoral en Organización y Gerencia para la Universidad Arturo Michelena.

Made in the USA
Columbia, SC
13 July 2025